الإدمان والإنترنت

الإدمـان والإنترنت

الدكتور
عمر موفق بشير العباجي

الطبعة الأولى - الاصدار الثاني

1431 هـ - 2010 م

المملكة الأردنية الهاشمية رقم الإيداع لدى دائرة المكتبة الوطنية (2006/12/3286)
رقم الإجازة المتسلسل لدى دائرة المطبوعات والنشر (2006/11/3872)

004.62

العباجي، عمر موفق

الإدمان والانترنت / عمر موفق العباجي- عمان: دار مجدلاوي 2006

( ) ص.

ر.أ: (2006/12/3286)

الواصفات: / شبكات الاتصال// شبكات الحواسيب// إنترنت/ المشكلات الاجتماعية/

* تم إعداد بيانات الفهرسة والتصنيف الأولية من قبل دائرة المكتبة الوطنية

ISBN 9957-02-264-4   (ردمك)

Dar Majdalawi Pub.& Dis.
Telefax: 5349497 - 5349499
P.O.Box: 1758 Code 11941
Amman- Jordan
www.majdalawibooks.com
E -mail: customer@majdalawibooks.com

دار مجدلاوي للنشر والتوزيع
تليفاكس : ٥٣٤٩٤٩٧ - ٥٣٤٩٤٩٩
ص . ب ١٧٥٨ الرمز ١١٩٤١
عمان - الاردن

◄ الآراء الواردة في هذا الكتاب لا تعبر بالضرورة عن وجهة نظر الدار الناشره.

بسم اللـه الرحمن الرحيم

﴿وَعَلَّمَكَ مَا لَمْ تَكُنْ تَعْلَمُ وَكَانَ فَضْلُ اللـه
عَلَيْكَ عَظِيماً﴾[1]

النساء الآية (113)

الفهرست

بسم الله الرحمن الرحيم

تقديم

بعد إطلاعي على فصول الكتاب السبعة التي وضعها المؤلف احب أن أؤكد أن محاولة المؤلف محاولة شجاعة وجادة، في اختراق ميدان علمي وتقني حديث ألا وهو شبكة الإنترنت التي جعلت من العالم قرية صغيرة في مجال الاتصالات، وكما يؤكد المؤلف في كتابه بان أية تقنية حديثة و متطورة لابد من ان تكون سلاحاً ذا حدين والإنترنت له إيجابيات ؛ تسهيل الاتصالات والحصول على المعلومات، إلا أن من سلبياته ظاهرة الإدمان على استخدام الإنترنت، سواءً كان الهدف التعارف أو الحصول على المعلومات أو الألعاب. وهذا الإدمان قد ظهر في الغرب ودرس وبحثت سبل معالجته، إلا إننا في الدول العربية ما تزال هذه المشكلة في بداية نشوئها؛ لذا جاء هذا الكتاب محاولةً لتنبيه الآباء والمسؤولين التربويين إلى ظاهرة إدمان استخدام الإنترنت، وقد وضع المؤلف فصلاً في استعراض الإدمان بصوره المختلفة وانتقاله التدريجي عبر فصول الكتاب وصولا إلى مقاييس واختبارات للكشف عن الإدمان قبل استفحاله.

لذا اعتقد أنّ الكتاب هو محاولة متميزة بحاجة إلى تشجيعها وتعزيزها بين الشباب العربي المثقف.

الدكتورة ندى فتاح زيدان

تربية وعلم النفس – كلية التربية

جامعة الموصل

9

بسم الـلـه الرحمن الرحيم

تقديم

الحمد الـلـه رب العالمين الذي مكنني من إكمال هذا الكتاب بفضله تعالى، جـاء موضـوع الكتاب بعد أن غزت شبكة الإنترنت العالم وأصبحت تهـدد مسـتقبل الشباب العربي، ويـأتي هـذا الموضوع نتيجة سوء استخدام هذه الشبكة العالمية بصورة صحيحة مـما نـتج عنـه حالـة الإدمـان ، يحوي الكتاب على معلومات وموضوعات واختبارات قيمة، أرجو أن تنال إعجاب القارئ الكريم أني قد بذلت قصار جهدي في أن يظهر بشكله ومضمونه الـذي هـو عليـه الآن ولقـد بـدأت في جمع المعلومات في عام 2000 وانتهيت من جمعها عام 2004.

اهديه إلى الشباب العربي وأتمنى أن يكون بالمستوى الذي يرغبه القارئ، وربما تكون هـذه المرة الأولى التي ينشر فيها كتاب يربط بين نوعين هما الإدمان وشبكة عالمية هـي الإنترنـت . لـذا أتمنى أن ينال إعجاب كل القراء .

أتوجه بالشكر الى الـدكتورة نـدى فتـاح زيـدان لما قدمتـه مـن توجيهـات وملاحظـات، والدكتور محمد جواد لما قدمه من ملاحظاته في الجانب اللغوي وإلى كل من أعطاني الفرصة لنشر كتابي هذا مع كل الاحترام والتقدير .

عمر موفق بشير العباجي

10

بسم الله الرحمن الرحيم

المقدمة

إن التكنولوجيا الحديثة جعلت الإنسان اليوم قادراً على الاتصال بكل أنحاء العالم بثـوانٍ ،
وعصر المعلوماتية جعل بقدرة الإنسان جمع المعلومات والأبحاث بكل بسـاطة عـن طريـق شبكـة
الإنترنت، واصبح العالم اليوم شبكة واسعة من الاتصالات، إذ يستطيع الشخص وهو جالس في بيته،
أو في مكان العمل أو في مكتبه وعن طريق جهاز الكومبيوتر أن يشتري سلعة ما أو يبيع سـلعة ، أن
هذه الشبكة قدمت خدمة كبيرة لكل أفراد المجتمع بكل شرائحه وكذلك بالنسبة لنشرـ الصحف
والمجلات فهناك الكثير من الصحف والمجلات تصدر عن طريق الإنترنت، فهذه الشبكة الضخمة من
المعلومات جعلت الإنسان يتوجه إليها لطلب العلم أو للتجارة فهي شبكة تخدم متطلبـات الحيـاة
والمجتمع وهي شبكة خدمية إعلامية تساعد الإنسان على التخلص مـن البعـد الجغرافي بينـه وبين
المجتمعات الأخرى فيستطيع أن يستفيد مـن معلومـة منشورة في أي بلـد مـا ، وهـذه الشبكة
الضخمة من المعلومات المتطورة في الاتصال جعلت الإنسان ينفي البعد الزمني.

إن هذا العصر الحديث وما يحمله من معلومات ومن علوم جعل الإنسان ينقاد
إلى هذا العصر، عصر المعلوماتية واستخدام شبكة الإنترنت بشكل كبير وجعل عدداً كبيراً من النـاس
يعتمدون عليها وجعلت الإنسان يقع في مطبات لما تحمله هذه الشبكة مـن معلومـات ضخمة و
قدرة اتصال واسعة. كما سببت اضطرابات في شخصيته وأوصلته إلى حالة التوتر النفسي بسبب هذه
التطورات، ووصل الحال ببعض الأشخاص إلى حالة الإدمان عليها بما فيها مـن معلومـات واتجاهـات
علمية وغير علمية.

11

أن هذا النوع من الإدمان ليس كباقي الأنواع الأخرى مثل الخمر والمخدرات، فهو حالة جديدة قد دخلت مجتمعنا وعلينا الانتباه إلى هذه الحالة قبل أن تصبح مستعصية العلاج من قبل الأطباء النفسيين وأخصائيي الصحة النفسية، وقبل أن تؤدي لخسارة أفراد كثيرين من المجتمع .

المؤلف

الفصل الأول

الإدمــان

الفصـل الأول

الإدمـان

لمحة تاريخية :

ظهـر الإدمـان منـذ العصـور التاريخيـة القديمـة فقـد بـدا الإنسـان بتنـاول بعـض المـواد والأعشاب التي تؤدي إلى حالة من الاسترخاء، مما يجعل الإنسان متعـوداً عليهـا كـان يتنـاول بعـض الأعشاب المهدئة التي تساعده على الاسترخاء، ومن ثم الخـدر ثـم يشـعر الإنسـان بالحاجـة نفسـيا وجسـميا إلى إعـادة اسـتخدامها . وبـدأت تلـك الحـالات تتطـور عنـده فقـد بـدأ وبتطـور العصـور باكتشاف الخمر وبعد ذلك بدأ باكتشاف الحبوب المهدئة والمنومـة والمخـدرة، وكـذلك قـام بإيجـاد أنواع جديدة من المخدرات، ومع التطور التكنولوجي قام بـاختراع أنـواع جديـدة مـن الإدمـان غـير المخدرات وغير المواد المسكرة، فقد وقع الإنسان اليوم وفي العصر الحديث تحـت تـأثير إدمـان مـن نوع جديد وهو الإدمان على الحاسوب والإنترنت، إذ قد يجلس للعمل على الإنترنت لفترات طويلـة دون أن يشعر بالوقت الذي استغرقه حيث أصبح العمل على الإنترنت حاجة نفسية ملحـة تجعلـه يشعر يالارتياح.

مفهوم الإدمان

تعرض مفهوم الإدمانAddiction إلى بضعة تغيـيرات، خاصـة بعـد أن أسـهمت منظمـة الصحة العالمية ولجانها في دراسة ظاهرة الإدمان على نطاق واسع في كثير من بقـاع العـالم. وهكـذا نجد اصطلاح الإدمان يعني فيما يعينه:التعود Habituation، والاعتماد Dependence .

مصطلحات الإدمان

- التحمل Tolerance

يشير التحمل إلى تكيف الجهاز العصبي لتأثيرات عقار معين مما يجعل من الضروري الاستمرار في تعاطي جرعة اكبر من العقار للحصول على التأثير نفسه. وحدوث ظاهرة التحمل في حالة تعاطي المهبطات علامة على أن زملة التوقف عن التعاطي Abstinence syndrome قد تظهر عند الانسحاب من التعاطي،ومن ثم تعد مظهراً للإدمان بمعناه الطبي.

- التحمل المتبادل Tolerance-cross

عندما ينمو لدى المتعاطي تحمل لأحد العقاقير، يمكن أن ينمو لديه في الوقت نفسه تحمل لأحد العقاقير المعينة الأخرى. ويعد الميثادون Methadone والهيروين Heroin من أمثلة ظاهرة التحمل المتبادل. فالأشخاص الذين يستخدمون الميثادون أسلوباً علاجياً من الهيروين سرعان ما ينمو لديهم تحمل لهذا العقار-أي الميثادون.

- الاعتماد Dependence

هناك نمطان من الاعتماد هما: الاعتماد البدني ويشير إلى حاجة البدن للعقار الذي تم الاعتماد على تعاطيه، والاعتماد النفسي ويشير إلى الحاجة النفسية لذلك العقار.

ويمكن تعريف الاعتماد البدني بأنه تغير في الحالة الفسيولوجية للبدن، يحدثه تكرار التعاطي لأحد العقاقير، الأمر الذي يستلزم الاستمرار في تعاطيه حتى يتوقف ظهور أعراض بدنية مزعجة وقد تكون مميتة.

هذا في حين يشير الاعتماد النفسي إلى رغبة نفسية قوية للحصول على التأثير نفسه الذي كان يحدثه العقار الذي تم الاعتماد على تعاطيه، إذ

يجد الشخص المتعاطي أن تلك الحالة النفسية التي يحدثها التعاطي أساسية لكفالة حسن الحال لديه.

وتتباين العقاقير فيما تحدثه من تأثير. فالهيروين مثلا يؤدي إلى كل من الاعتماد البدني والنفسي، في حين أن الكوكايين يؤدي فقط في اغلب الأمر إلى اعتماد نفسي.

- زملة الاعتماد (الانسحاب -التوقف عن التعاطي)

Ti Abstinence syndrome

وهي مجموعة من الأعراض تحدث عند التوقف الفجائي عن التعاطي بالنسبة لمن يعانون من اعتماد بدني على عقار معين. وقد تكون هذه الأعراض خفيفة، مثل تلك الناتجة عن تعاطي الامفتيامينات، أو حادة كما في حالة التوقف عن تعاطي الهيروين، أو قد تؤدي إلى نتائج قاتلة كما في حالة مركبات الباربيتوريت .

- العقاقير Drugs

وهي أي مواد مستخرجة من الطبيعة أو يتم تخليقها في المختبرات تؤثر على وظائف الكائن الحي النفسية والبدنية والسلوكية. ويمكن تصنيف العقاقير إلى مجموعات.

1- المنبهات أو المنشطات المستخرجة من الطبيعة مثل الأفيون ومشتقاته (المورفين، الهيروين، الكواديين)، وتلك التي يتم تخليقها مثل مركبات الباربيتوريت والمهدئات الصغرى Minor Tranquililizers.

2- مركبات الكانابيس Cannabis preparations مثل الماريجوانا والحشيش.

3- عقار الـ Pep.

4- عقار الهلوسة مثلLSD .

5- المستنشقات مثل الغراء وأكسيد النيتروز.

6- الكلفيين والنيكوتين والكحول. ولا تقف الكثير من المجتمعات من هذه المواد موقفا عدائيا في الأغلب، إلا انه ينبغي الإشارة هنا إلى أن الكافيين والنيكوتين هما من المنشطات والمنبهات، في حين أن الكحول ينتمي إلى فئة المهبطات .

تعريف الإدمان:-

الإدمان حالة من السلوك الفعلي الذي يقوم به الفرد ويكرره. وينتج عن تكراره رغبة شديدة في استمرار هذا التكرار وعدم انقطاعه، ويشمل ذلك السلوك تعاطي المواد المسكرة أو المخدرة التي توهم الفرد بتحقيق نوع من الراحة المؤقتة. التي تسيطر على من يتعطاها تدريجيا .

على الرغم من أن الإدمان من المواضيع المهمة جدا في المجتمعات كافة سواء كانت غنية أو فقيرة أو متدينة أم علمانية ، إلا انه من الملاحظ أن لا يتم التطرق إليها كثير في العلن. إذ بينت إحصائية بريطانية نشرت في (البي بي سي) أن مليوني شخص في بريطانيا مدمنون بشكل أو بآخر. يعد الإدمان من الأمراض أو الحالات المعقدة التي تشمل على تغيرات فيزيولوجية ونفسية في الوقت ذاته. وهذه الحالة لا تؤثر فقط على المدمن فحسب بل إنها تشمل المحيطين به كافة من أقارب ومن أية درجة كانوا ومن معارف وغيرهم.

يرى الكاتب:

أن من ضمن هذه المواد ممارسات تـؤدي إلى الإدمـان غـير المخـدرات والمسـكرات ومنهـا ممارسة العمل على الإنترنت لفترات طويلة أكثر من اللازم تؤدي إلى حالات الإدمان عليها وليس كل الحالات التي يتعود عليها الشخص تتسم بأنها مرض نفسي، فهناك أشخاص قد تعـودوا عـلى القيـام بأعمال معينة مثلا كأن يشرب كوبا من القهوة صباحا أو يقوم بالصلاة في وقتهـا أو يمـارس الرياضـة يوميا ...الخ ، بالنسبة للإنترنت فإذا استخدمها الشخص بصورة صحيحة وابتعد عن مناطق الإباحـة واستخدمها في جمع المعلومـات وبصـورة طبيعيـة واسـتخدامها لفـترات متوسـطة أو قليلـة، وعـدم الاعتماد عليها نفسيا فهي من حالات الإدمان المحمودة ومن الصفات الجيدة، لأنهـا لا تعتمـد عـلى تناول المخدرات أو المسكرات، أو هي ليست مضرة بالمجتمع ولا تسبب اضطرابات في الشخصية ولا بالحالة النفسية للشخص.

الإدمان والاعتماد على العقاقير

يخلط الكثيرون بين الإدمان والاعتماد على العقاقير، عندما يضطر المريض إلى زيادة جرعـة الدواء لفترة طويلة، ينتج عن ذلك الاعتماد على هذا الدواء الاعتماد يعني انه عند التوقف عن اخذ العقار، ويتولد عن ذلك أعراض خاصة مثل العرق، القيء أو حتى الهـذيان قبـل الشـفاء فقـط. أمـا الإدمان فانه ينتج عن حالة دائمة يقع الناس عـادة في سـوء اسـتخدام العقـاقير لأحـد سـببين، الأول لتخفيف الآلام ، نفسية كانت أو جسدية، والثاني للحصول على شعور بالمتعة، مثل الدفء والرضا أو عدم المبالاة بالمشاكل. في الكثير من الأحيان يكون الاعتماد نفسيا،مما يدفع المتعـاطي إلى الاسـتمرار والوصول إلى مرحلة عدم قدرته على الاستغناء عن هذا العقار. والتعاطي هنا لا يكون

لمجرد الشعور بالمتعة، ولكن لمنع الشعور بعدم الراحة، أو حتى منع الشعور بالألم، مثل ما يحدث في حالة الإدمان على الهروين أو المورفين، أسأل طبيبا على الإنترنت حول كيفية التخلص من الإدمان سيجيب بأنه يحيط تناول بعض العقاقير الكثير من الإيحاءات والمشاعر الزائفة وخاصة الحشيش التي تؤدي إلى الاعتقاد بان هذا العقار لا يدفع إلى الإدمان، و يدعي بعض الفنانين والموسيقيين في بعض الأحيان أن تناول بعض العقاقير يحسن من أدائهم. هذا الاعتقاد غاية في الخطورة؛ لأنه يؤدي إلى تدمير صحتهم أو حتى الوصول إلى حد فقدان حياتهم إذ يبدأ جسم المتعاطي في التكيف مع العقاقير التي تسبب الاعتماد ومن ثم تتكون الحاجة إلى زيادة الجرعة للاستمرار في الحصول على التأثير المحبب أو الابتعاد عن أعراض عدم الراحة أو الشعور بالألم. إذا لم تُلَبَ حاجة المدمن إلى المادة المخدرة تبدأ أعراض ما يسمى بالانسحاب. الإقلاع عن مثل هذه العقاقير يجب أن يكون تحت إشراف طبي.

على من تكون الخطورة؟

ليس كل من يتناول الأدوية التي تسبب الإدمان يتحول إلى مدمن، بل يوجد اعتقاد بان العوامل الوراثية تلعب دورا رئيسا في هذا إذ إن اكثر الناس عرضة لهذا الخطر هم هؤلاء الذين يحاولون الهرب من مشاكلهم باللجوء إلى المخدر. مهما كان العقار، مجرد إعطائه شعوراً مؤقتاً بحل المشاكل،يدفع إلى التعاطي مرات ومرات أخرى،حتى يصبح جزءاً لا يتجزأ من حياة المدمن.

ما هي أعراض الإدمان؟

لكل نوعية من العقاقير أعراض نفسية وجسدية مختلفة، ولكن في العموم أن أي نوع من أنواع الإدمان يؤدي إلى انحدار مستوى المدمن في مجال العمل، وله تأثير سلبي على علاقاته الشخصية. إذ يعاني المدمن عادة

من المزاجية وعدم توازن في السلوك، مع فترات من عدم الاستقرار والتحفز، ويصحب ذلك فقدان في الشهية والشعور الدائم بالإعياء.

ما هو الحجم الحقيقي للمشكلة؟

لا تتوافر إحصائيات دقيقة عن أعداد مدمني المخدرات، وذلك لان معظم المدمنين يحصلون على المخدر بشكل غير قانوني ولكن يتراوح متوسط أعمار خمسين في المائة من المتورطين في قضايا تتعلق بالمخدرات في بريطانيا بين السابعة عشرة والرابعة والعشرين عاما، وعدد الذكور منهم هو ضعف عدد الإناث، وقد تم الإبلاغ عن أربعة وثلاثين ألف حالة إدمان في منتصف التسعينات وكان معظمهم من متعاطي الهرويين والميثادون أما متعاطو المنشطات فهم فئة أخرى لا تقل في الخطورة من ناحية سوء استخدام العقاقير. اكثر من ثلاثة ملايين حالة قد تعاطوا الحشيش في مرحلة ما من حياتهم.

أين تكمن الخطورة؟

تتسبب المخدرات في اختلال النظام الكيميائي للجسم، وقد تؤدي في النهاية إلى أمراض نفسية وعقلية كثيرة مثل الانفصال عن الواقع الهستيريا، عدم الاستقرار، القلق، الاكتئاب، والشعور بالاضطهاد، وقد تصل إلى الرغبة الملحة في الانتحار تحدث هذه الأعراض ،خصوصا في حالة الكوكايين،دون اختلاف مهما كانت الكمية ،مثل حالات الصدمة العصبية والتشنجات التي قد تحدث دون سابق إنذار في بعض الأحيان يصاب المتعاطي بفقدان البصر ـ المؤقت، التنميل أو الرعشة قبل حدوث الصدمة، ومن ثم تكون هذه الأعراض بمثابة إنذار لا يجب التغاضي عنه وعلى المريض أن يلجأ لطبيب في العيادة

أو على الإنترنت ممن لهم اتصال بالكثير من المستشفيات المتخصصة في المملكة المتحدة التي توفر برامج ممتازة للعلاج، والتي تساعد المدمن على الوصول إلى جذور المشكلة ومن ثم الاستغناء عن المخدر ليرجع إلى حالته الطبيعية قبل الإدمان.

للإدمان أخطار جسدية، وقد يتسبب الإدمان على الكوكايين في حدوث أزمات قلبية مميتة. بغض النظر عن طريقة التعاطي بالاستنشاق كانت أم بالحقن أم عن طريق الفم،فان الكوكايين يعمل على حث الجسم على إفراز مادة الكاتيكولامين وهو مركب يفرز طبيعيا في الجسم وله تأثير على أجهزة مختلفة، ومنها على نشاط عضلة القلب عندما تحدث زيادة في إفراز هذه المادة فانه يسبب ارتفاع ضغط الدم وزيادة غير طبيعية في معدل ضربات القلب مما يؤدي إلى تشنجات في عضلة القلب و من الأعراض الأخرى التي تؤثر على القلب، الضيق في الأوعية الدموية أو حتى التجلط في الدم ومنها ما يؤدي إلى انسداد في الشريان التاجي، ومن ثم الإصابة بالأزمات القلبية و التعرض لهذه المخاطر يشمل أيضا الشباب الذين كانوا يتمتعون في السابق بموفور الصحة ولا يعانون من أية مشاكل في القلب، أما الذين يعانون أساساً من مشاكل في القلب فانهم يزيدون من فرصة تعرضهم للإصابة بأزمات مميتة و من المخاطر غير المباشرة هي تلك التي يتعرض لها متعاطو المخدرات عن طريق الحقن، خاصة هؤلاء الذين يشتركون في الحقن والمعدات الأخرى المستخدمة في التعاطي دون الاهتمام بالتعقيم مما يكتنف على مخاطر نقل أمراض الدم مثل الالتهاب الكبدي الفيروسي بأنواعه أو مرض نقص المناعة المكتسبة (الإيدز).

ماذا يجب أن نفعل؟

يحتاج المدمن إلى المساعدة ولكنه من النادر أن يطلبها. إذا كنت تعاني من بعض المخاوف أو عندك بعض التساؤلات، تخصك أو تخص أحدا من أصدقائك ، فلا تتردد استشر طبيباً على الإنترنت ليساعدك في الاتصال بأحد المراكز المتخصصة في المملكة المتحدة.

كيف يكون الشفاء؟

في حالات الإدمان الشديدة يكون من الصعب أن يتخلص منها الإنسان بمفرده، ويتغلب وحده على المشكلة. والعلاج في المراكز المتخصصة هو السبيل الوحيد. يبدأ في هذه المصحات سحب المخدر من الجسم، مباشرة أو بالتدريج وعند تخلص المريض من أعراض هذه المرحلة يبدأ العلاج النفسي والتأهيلي.

رأي علماء الاجتماع بالإدمان :-

تعطي نظريات علماء الاجتماع الأهمية للعوامل الاجتماعية. إذ يرى علماء الاجتماع أن الإدمان سلوك متعلم، وأن الناس يتعلمون كيف يصبحون من المدمنين وهو يرفضون الرأي القائل بوجود عناصر في الشخصية أو استعدادات في الطفولة تهيئ للإدمان. وهم يرون إن أولئك الذين ينادون بان المدمنين لهم تكوين خاص في الشخصية يقومون في العادة بدراسة المدمنين بعد أن يستفحل الإدمان معهم، وكل ما يقال عن شخصيات هؤلاء المدمنين قبل إدمانهم ما هي إلا تخمينات غالبا ما تكون غير حقيقية.

23

رأي علماء النفس:-

يتفق علماء النفس مع علماء الاجتماع في أن الإدمان عملية متعلمة، ويرون أن بيئة الفرد لها فاعليتها غير انهم يرون أيضا أن هناك من الأفراد من يتعرضون للمخدرات في بيئتهم لكنهم لا يتعلمون الإدمان بينما يوجد آخرون يتعرضون لنفس الظروف ويصبحون من المدمنين. وفي رأيهم أن هذا يعزى إلى تكوين الشخصية للفرد إذ إن هناك شخصيات مضطربة يؤدي بها اضطرابها إلى الإدمان ويعد الإدمان تبعا لذلك عرضا لعدم التوافق العام للشخصية، كما يعد طريقة من الطرائق التي تعبر بها الشخصية عن اضطرابها.

رأي علماء الدين بالإدمان:-

قد حافظت الشريعة الإسلامية على مقاصدها بأمرين:-

أحدهما: بما يقيم أركانها ويثبت قواعدها وذلك تعبير عن مراعاتها من جانب الوجود.

والثاني: لما يدرأ عنها الاختلال الواقع أو المتوقع فيها، وذلك تعبير عن مراعاتها من جانب العدم،

فأصول العبادات راجعة إلى حفظ الدين من جانب الوجود كالإيمان والنطق بالشهادتين والصلاة والزكاة والصيام والحج وما أشبه ذلك.

والعادات هي حفظ النفس والعقل من جانب الوجود أيضا كتناول المأكولات والمشروبات والملبوسات والمسكونات وأشباه ذلك، والمعاملات راجعة إلى حفظ النسل والمال من جانب الوجود والى حفظ النفس والعقل أيضا ولكن بوساطة العادات. والعقوبات ترجع إلى حفظ الجمع من جانب

العدم، فالجنايات التي تعود على ما تقدم بالإبطال قد شرع لها من العقوبات ما يدرا ذلك الإبطال ويحفظ تلك المصالح.

وعلى هذا فان مراتب الأحكام الشرعية بحسب المقصود منها، فالضروريات أهم المقاصد وتليها الحاجيات في الأهمية ثم التحسينات، وعليه فان الأحكام التي شرعت لحفظ الضروريات أهم الأحكام وأحقها بالمراعاة والعناية والضبط وتليها في هذه الأهمية الأحكام الخاصة بالحاجيات ثم الأحكام الخاصة بالتحسينات،وإذا علم ما تقدم تبين أن المحافظة على العقل من أصول مقاصد الشريعة الإسلامية وواحد من ضرورياتها الخمسة الواجب شرعا المحافظة عليها .

وقد حرمت الشريعة الإسلامية تناول الخمور، كما حرمت تناول المخدرات لضررها بالعقل والنفس والجسم والمال،وفرضت العقاب على متناولها،حماية للصحة الفردية،وللمجتمع من شرور هذه الآفات وما تقود إليه من جرائم القتل،والاغتصاب ،والسرقة،والعدوان على الآخرين، والمشاكل الأسرية، والآثار التربوية السيئة على الأبناء الناشئين في المدمنين من متناولي الكحول والمخدرات الأخرى:-

قال الله تعالى :﴿ يَـٰٓأَيُّهَا ٱلَّذِينَ ءَامَنُوٓاْ إِنَّمَا ٱلْخَمْرُ وَٱلْمَيْسِرُ وَٱلْأَنصَابُ وَٱلْأَزْلَـٰمُ رِجْسٌ مِّنْ عَمَلِ ٱلشَّيْطَـٰنِ فَٱجْتَنِبُوهُ لَعَلَّكُمْ تُفْلِحُونَ ﴾ [المائدة : 90].

وبذا عدّ القرآن الخمر رجسا وعملا شريرا يجب اجتنابه ، كما عدّ القران الخمر من الأسباب المؤدية إلى التنازع، والمشكلات الأمنية التي عبر عنها بالعداوة والبغضاء. قال الله تعالى :

﴿إِنَّمَا يُرِيدُ ٱلشَّيْطَـٰنُ أَن يُوقِعَ بَيْنَكُمُ ٱلْعَدَاوَةَ وَٱلْبَغْضَآءَ فِى ٱلْخَمْرِ وَٱلْمَيْسِرِ﴾ [المائدة : 91].

وروي عن الرسول صلى الله عليه وسلم قوله :" كل شراب اسكر فهو حرام" ولشدة الخطر المتأتي من تناول هذه المادة الفتاكة ، حرم الإسلام صناعة الخمر وبيعه، وشرابه، بل وبيع المواد التي يصنع منها، إذا علم إنها مشتراة ليصنع منها الخمر. والاهتمام التربوي والإعلامي والتثقيفي على حرمة الخمر ، وخطره على الحياة، إنما يقوم على أساس حفظ الحياة البشرية، ودفع الشرر عنها.

ومن اخطر الآثار التي يقود إليها شرب هذه المادة، هو التأثير على العقل، وفقدان الوعي الذي يتسبب في حوادث القتل، والاغتصاب الجنسي، وحوادث السير والمرور، كما يتسبب في إتلاف عشرات المليارات من الدولارات في العام، في شرب هذه المواد للعلاج الطبي منها، في حين يمكن توظيف هذه المبالغ الضخمة في مكافحة الفقر، وتوفير الخدمات الصحية والعلمية وغيرها للإنسان. وهذا التبذير والإتلاف المالي يقف وراء شقاء ملايين الأسر، وضياع أبنائهم، إضافة إلى المضار الصحية الخطرة، التي تؤدي إليها هذه المادة الفتاكة.

الفصل الثاني

كيف يحدث الإدمان؟

الفصل الثاني

كيف يحدث الإدمان

يبدأ الشخص بالإدمان لعدة أسباب تورطه فيصبح مستسيغا للمادة التي ساعدته على الإدمان ، ومن هذه الأسباب :-

1. حب الاستطلاع والتجربة
2. مجاراة الزملاء والأصدقاء .
3. الهروب من الواقع نتيجة مشكلات معينة .
4. جلب السعادة والشعور بالارتياح .
5. المساعدة في الاستذكار لدى الطلبة ، وتنشيط الرياضيين ، والمساعدة على القيادة الليلية وعدم النوم عند السائقين .

ويرى الكاتب :-

أن كيفية حدوث الإدمان هو أن الشخص قد سمع عن مواد مخدرة أو شاهد أحدها أو التي تساعد على الإدمان مثل الخمر أو المخدرات أو السكائر ..... الخ مما يؤدي حب الاستطلاع عنده إلى تجربة هذه المواد وبعد تجريبها يقوم بإعادتها مرة أخرى ثم يبدأ في التعود عليها وتتكون لديه حاجة نفسية وجسدية إلى هذه المادة التي قام بتجربتها مرة، مما يؤدي به ذلك إلى حالة من الاعتماد على هذه المادة وتكون هذه المادة التي اعتمد عليها جسمانية وفسيولوجية. فتشكّل له دافعا في داخله للحصول على المادة التي اعتمد عليها. ومما يؤدي بالتالي إلى عدم الاستغناء عن المادة التي تعوّد واعتمد عليها جسميا ونفسيا . وكذلك هناك بعض الأشخاص يستخدمون بعض أنواع الإدمان في سبيل الهروب من الواقع نتيجة مشكلات تصادفهم في حياتهم مثل

مشكلات الأسرة أو مشكلات متعلقة بالعمل أو مشاكل أخرى شخصية فيقومون بتناول بعض الحبوب المهدئة أو الخمر أو استخدام المخدرات بأنواعها أو استخدام مواقع الدردشة والعلاقات والألعاب على الإنترنت في سبيل الهروب من الواقع وهؤلاء يشعرون بالارتياح في محادثة الأشخاص عبر الإنترنت .

ثمة بعض الأشخاص يستخدمون المواد المخدرة والمساعدة على الإدمان في سبيل الحصول على السعادة والشعور بالارتياح ، إذ يستخدمونها مرة في سبيل الارتياح وبعد ذلك يتعودون عليها لجلب الراحة والسعادة لهم وبعد ذلك يعتادون الإدمان عليها، ويعتمدون عليها ثم يصبحون من المدمنين على تلك الماد أو الممارسة التي قام بها أحدهم ولا يستطيع الاستغناء عنها لحاجته إليها نفسيا وجسمانيا لتجلب له الراحة النفسية وتحقق عدم اضطرابه نفسيا .

مراحل الإدمـــان :

ينقسم الإدمان إلى نوعين :-

الإدمان النفسي والإدمان الجسدي

أولا : الإدمان النفسي : وهو ينتج عن تعاطي المواد المنشطة والمواد الطيارة والكوكايين والحشيش .

ثانيا : الإدمان الجسدي: وهو ينتج عن تعاطي الفرد للخمور ومشتقاتها والأفيون والمهدئات .

أنـــواع الإدمـان :

- الإدمان على الكحول والخمر

وهو الإدمان الذي يحدث نتيجة شرب الخمر والكحول باستمرار ، ويكون لديه انحطاط عام وتدهور في الشخصية ، يكون واضحا في المظهر الخـارجي، السـلوك الأخلاقي ويمكن أن تكـون لديه مشكلات مالية تعود إلى حاجته إلى الكحول وتقـوده إلى سرقات تافهـة ، وبالإضافة إلى ذلك فأنه لا يفكر بوضوح ، ويتدهور جسميا وعقليا .

- الإدمان على المخدرات

المادة المخدرة : - هـي كل مادة خام أو مستحضرة ، تحتـوي عـلى جـواهر منبهة أو مسـكنة ، مـن شأنها إذا استخدمت في غير الأغـراض الطبيـة والصـناعية والموجهـة أن تـؤدي إلى حالـة التعـود . أو الإدمان مما يضر بالفرد والمجتمع جسميا ونفسيا واجتماعيا .

وبهذا التعريف حصرا جمع المواد ذات الخصائص المعنية كيميائيا، وذات التأثيرات المعنية فسيولوجيا . بانضواء مواد أخرى يمكن أن تكتشف أو تتحضر طبيا . كما شـمل التعريف أغراضـا محددة للاستعمال بعض هذه المواد في المجال الطبي والصناعي تحت الأشراف والتوجيه .

ويرى الكاتب أن :

إن اختلاف الزمان وسرعة التطورات التي حدثت وبفعل معطيـات التكنولوجيا الحديثـة التي سيطرت على أغلب مداخل الحياة أدت إلى إدمان على مواد من نوع جديد هي :-

1. الإدمان على السجائر (النيكوتين) وهو تعود الفرد على تدخين السجائر والإدمان عليها ومما يؤدي بالتالي إلى امتلاء جسمه ورئته وتشبعه بالنيكوتين السام ويصبح مدمنا لا يستطيع الاستغناء عنه.

2. الإدمان على استخدام الموبايل (الهاتف الشخصي) هو أن يستخدم الهاتف النقال أو الشخصي- باستمرار حتى يصبح الهاتف جزءا منه أينما يذهب ويستعمله بصورة مستمرة ويكون استعماله حاجة نفسيا ملحة .

3. الإدمان على استخدام الحاسبات (الكومبيوتر) ويعرفه الملتصقون بالحاسبة الإلكترونية وتكون الحاسبة جزءا من شخصيته وإدمانه على كل ما يتعلق بها من العاب ومعلومات .

4. الإدمان على الإنترنت وهو الإدمان الذي سنتناول شرحه وأنواعه في الفصول التالية .

أسباب الإدمان

1. تركيب الشخصية :

يعتقد بعض الباحثين أن هناك أفرادا يميلون إلى الإدمان بحكم تكوينهم الجسمي والنفسي وهم عادة يعانون من اضطرابات في الشخصية أو يتميزون بسمات مثل الاعتماد الشديد على الآخرين .

ويصنف علي كمال (1967) بعض الشخصيات الموجودة في المدمنين على النحو التالي :-

أ-**شخصية سوية :** ويحدث الإدمان عند هؤلاء نتيجة سوء استخدام للمادة المخدرة .

ب- **الشخصية القلقة :** وهي تتناول العقار لإزالة الشعور بالقلق مثل الشخصية الانطوائية .

جـ - **الشخصية السيكوباثية:** وهي الشخصية التي تتعاطى العقار لغرض الحصول على النشوة أو لاكتساب الشعور بالأهمية أو للتعبير عن كراهيته للمجتمع .

د- **الشخصية المريضة عقليا :** وتشمل المصابين بالاكتئاب الشديد والذين يتعاطون المخدر لإزالة الشعور بالقلق والتوتر .

ويشير بيرجرت (1981) بأنه لا يوجد بالضبط نمط معين من الشخصيات تصاب بالإدمان وسواء كان المدمن حدثا أو بالغا، فان الإدمان يمكن إن يحدث في أي نوع من الشخصيات، وان التتبع الوحيد لنمط الشخصية (مع الأخذ بالكثير من الحذر) يمكن معرفته بالفحوصات العميقة للأفراد المدمنين ومدى علاقاتهم مع بعضهم البعض أو بتعبير اصح مدى تفاعلهم مع المجتمع ومع أنفسهم ، وان الصفة الغالبة لمعظم المدمنين هي الإحباط .

2-وسائل الأعلام :

إن لوسائل الإعلام دورا فعالا في انتشار ظاهرة الإدمان في المجتمعات بشكل عام حيث أن بث المعلومات والأفلام وعرض صور مضلّة مما يجذب الشباب إليها ويجعلهم متعلقين بتلك الصور والأفلام والمعلومات وخاصة في عصرنا الحديث وانتشار المعلوماتية والإنترنت مما يجذب كثيرا من الشباب إلى التعلق بها ومن ثم التعود عليها ومن ثم عدم التخلي عنها وأشارت دراسات عديدة إلى تأثير وسائل الإعلام منها .

دراسة عبد المنعم عن السينما والشباب في مصر، إذ ذكر أحد الباحثين إن أفلام المغامرات قد شجعته على الاستمرار في تهريب الحشيش بما تفرضه هذه الأفلام من مظهر وبطولات زائفة في عمليات المطاردة والهروب من الشرطة كما ذكر 32% من المنحرفين انهم يعملون بعض المشاهد التي

يشاهدونها في الفيلم. وفي دراسة لعبد الرحمن عن الآثار الاجتماعية والنفسية للتلفزيون العربي وافق 41% من الشباب اللبناني على أن التلفزيون يؤدي إلى انتشار الجريمة عندما يقلد المشاهدون ما يعرض عليهم .

3-تأثير الأصدقاء والأصحاب :

يلعب الأصدقاء والأصحاب دورا كبيرا في التأثير على اتجاه الفرد نحو الإدمان فلكي يبقى الشاب عضوا في الجماعة يجب أن يسايرهم في عاداتهم واتجاهاتهم ، فنجده يبدأ بالإدمان من قبل أفراد الجماعة . ويجد الشاب صعوبة في إيقاف الإدمان (حتى ولو حاول ذلك) من أجل أن يظل مقبولا بين الأصدقاء ولا يفقد الاتصال بهم .

إن التناقض الذي يعيشه الشباب في المجتمع قد يخلق لديه الصراع عند تكوينه للاتجاه نحو الإدمان فهو يجد نفسه بين مشاعر وقيم رافضة وأخرى مشجعة، وعندما يلجأ إلى الأصدقاء الذين لهم ثقافة تشجع التعاطي أو الإدمان فان احتمال تورطه في مشكلات الإدمان على المادة المخدرة أو على أي عمل يمارسه أصدقاؤه تكون واردة .

4-النقص في وسائل الترويح وقضاء وقت الفراغ :

تعد أنشطة الفراغ والترويح من العوامل المهمة الواقية من الانحراف والضجر والسأم وتشتت الفكر وبعض ظواهر الاغتراب التي يعاني منها شبابنا . ومن اكثر الظواهر اللافتة للنظر أن هؤلاء الشباب لا ينجذبون إلى المناهج الدراسية؛ وذلك لأنها لا تثير اهتمامهم أو تشبع رغباتهم ولذا يبحثون عن مجالات لإشباع هذه الرغبات مثل تبني الأفكار المستوردة والسلوك المنحرف.

5-تأثير الأسرة :

تقوم الأسرة بدور رئيسي في عملية التطبع الاجتماعي للشباب فهي الجماعة التي يرتبط بها بأوثق العلاقات وهي التي تقوم بتشكيل سلوك الفرد منذ مرحلة الطفولة ويمتد هذا التأثير حتى يشمل كل جوانب الشخصية .

وتدل معظم الدراسات بما لا يدع مجالا للشك أن الشباب الذين يعيشون في أسر مفككة يعانون من المشكلات العاطفية والاجتماعية بدرجة اكبر من الذين يعيشون في أسر سوية . وان أهم العوامل المؤدية إلى تفكك الأسرة هي الطلاق أو وفاة أحد الوالدين وعمل الأم وغياب الأب المتواصل عن المنزل .

6-الناحية الاجتماعية :

تتمثل خطورتها في كون المدمنين خطرا على حياة الآخرين من حيث انهم عنصر قلق واضطراب لأمن المجتمع ، إذ يسعى كل منهم إلى البحث عن فريسة يقتنصها سواء بالسرقة أو القتل ، مما يقودهم في النهاية إلى عالم الإجرام، أو أن يصبحوا شخصيات حاقدة على المجتمع لا تعرف سبيلها إلى أهدافها إلا بالعدوان وبعد فترة يقعون فريسة للمرض النفسي والانطوائية وعدم المشاركة في بناء المجتمع.

7- ضعف الوازع الديني :

أن موقف الدين الإسلامي واضح من الإدمان كما أشرنا إلى ذلك في الفصل الأول .

ويقول اللـه تعالى في كتابه المجيد ﴿وَلَا تُلْقُوا۟ بِأَيْدِيكُمْ إِلَى ٱلتَّهْلُكَةِ﴾ في هذه الآية يحذر اللـه عز وجل من الاقتراب من كل ما هو مضر للنفس والعقل والنفس البشرية .

يقول عزت حجازي (إن ما يزيد الأمور تعقيدا أن ما يتعلمه المراهق من الكتب ووسائل الأعلام ومن الراشدين عما يجب أن يفعله يتناقض مع واقع الحياة اليومية ولمّا كان يستطيع أن يحمل في شبابه من القيم التي حملها في طفولته فان إدراكه لمستقبله غير ثابت مما يعرضه لصراع وتوتر يشتدان كلما كانت هذه القيم وما يترتب على الصراع بينها من مشكلات هي مركز رئيسي في حياته).

ويقودنا كل هذا إلى أهمية زرع القيم الإسلامية والإيمان بالله في نفوس الشباب من خلال المؤسسات والجمعيات العامة . فمن خصائص الإيمان بالله أن يجعل الإنسان إيجابيا في حياته فلا يهرب من الحياة أو ينهزم أمامها، وهو يحب لأخيه ما يحب لنفسه، ولا تأسره المتع ولا تغره الزخارف ولا تهزمه الأحداث . يقول الرسول عليه الصلاة والسلام **(ليس الإيمان بالتمني ولا بالتحلي ولكن ما وقر القلب وصدّقه العمل)** .

الأضرار الصحية للإدمان:

تتنوع الأضرار الصحية الناتجة عن التعاطي وتتفاوت ما بين أضرار تحدثها عموم المخدرات وما بين ضرر ينفرد به نوع معين دون آخر فهي :

1. تؤثر على جهاز المناعة فتضعفه ويصبح المدمن أكثر عرضة للمرض وأكثر معاناة .

2. تؤثر على الوعي بأكثر من شكل :

أ. تقليل الوعي أو تغيبه (الأفيون ، الهيروين) .

ب. تنبيه الوعي وتنشيطه (الكوكايين) .

3. اضطراب في إدراك الواقع والهلوسة (البانجو ، الحشيش) .

4. تؤثر على الجهاز الدوري والتنفسي .

5. فقدان الشهية والهزال .

6. الشعور الدائم بالدوار .

7. الإمساك وعسر الهضم .

8. الضعف الجنسي .

9. القيء والغثيان .

10. العشى الليلي.

11. ضغط الدم .

12. زيادة ظاهرة إفراز العرق وحكة في الجلد .

13. الأمراض العصبية والنفسية .

مكافحة الإدمان مهمتنا جميعا :

يبدو أن الإنسان لم يكتف بالكم الهائل من السموم التي تلاحقه في كل مكان وتتسرب إلى جسمه عن طريق الهواء والماء والغذاء ، فذهب يبحث عن أنواع أخرى من السموم تكمل الصورة القاتمة للتلوث البيئي ، وتضيف إلى الجسم البشري سموما تفتك بالمخ البشري، وتصيب الإنسان بشتى الأمراض العقلية والنفسية والعصبية.

فإذا نظرنا إلى كل مخدر من المخدرات على حدة، نجد انه يحمل الخطر والدمار والهلاك للمخ والأعصاب ، بالإضافة إلى التمزق والاضطراب النفسي الذي لا يقتصر أثره على المدمن فحسب، بل يشمل الأسرة والمجتمع بأسره.وعندما يقع الفرد فريسة للمخدرات فإنها تفتك بالمخ والأعصاب وتضطرب حالته العضوية والنفسية، وذلك في حالة تعاطي

المخدر والحرمان منه، فإذا انقطع المدمن عـن التعـاطي لأي سـبب مـن الأسباب فانه يشكو مـن أعراض عقلية وعصبية ونفسية.

أخطار المخدرات :-

يسبب تعاطي المخدرات بوجه عام الإصابة بأمراض عديدة ولا يقتصر ـ خطـر المخدرات على الأمراض التي تسببها فحسب، فالأمراض تعد مشكلة واحـدة ضـمن مجموعـة أخرى مـن المشكلات تتمثل في انحـدار المسـتوى التربوي والتعليمـي والأخلاقـي، ومشكلات اجتماعيـة أخرى واقتصادية وغيرها.

ويمكن تقسيم أخطار المخدرات وفقا لما جاء في كتاب أمراض العصر، الصادر عن مكتـب التربية العربي لدول الخليج إلى الأخطار التالية:

- **الأخطار الصحية:** إذ يتعرض المدمن للإصابة بالأمراض العصبية والعقلية والنفسية، إضافة إلى الأمراض العضوية والميكروبية كأمراض القلب والأوعية الدموية والكبد وأمراض الجهاز التناسلي كالعجز الجنسي، وغير ذلك من الأمراض التي تهدد صحة الفرد.

- **الأضرار الاجتماعية:** يعد إدمان المخدرات آفة تصيب الفرد والمجتمع، إذ انه إضافة إلى الأمراض والمشكلات التي تلحق بالمدمن، فان البنيان الاجتماعي يتصدع وينهار، فتتفكك الروابط الأسرية وتتدنى قدرة الإنسان عـلى العمـل فيقـل إنتاجـه، ويـزداد عجـز الشباب عـن مواجهـة الواقع والارتباط بمتطلباته وتتفاقم المشكلات الاجتماعية ويتزايد عدد الحوادث والجرائم.

ومن المشكلات الاجتماعية التي تنجم عن الإدمان كثرة الخلافات الأسرية والطلاق وتشرد الأبناء، وتزايد حوادث العنف والاغتصاب والسرقة والانتحار.

- **أضرار اقتصادية:** تتكبد الدول التي ينتشر فيها الإدمان وتجارة المخدرات خسائر فادحة لها ابلغ الأثر في المسار الاقتصادي لهذه الدول، ويؤدي انتشار المخدرات إلى كثرة إنفاق الأموال من أجل مكافحة تهريب وتعاطي المخدرات ومحاكمة المخالفين وتنفيذ العقوبات وعلاج المدمنين. اما إجراءات وقائية تهتم الحكومات بمكافحة المخدرات والضرب بيد من حديد على التجار المروجين للمخدرات، كما تهتم الحكومات والهيئات الدولية بالحد من انتشار الإدمان ودراسة العوامل التي تؤدي إليه وعلاج المدمنين وتأهيلهم، كما تهتم بتوعية الأفراد بأخطار الإدمان وعواقبه .

ويمكن تلخيص الإجراءات الوقائية لمكافحة الإدمان والحد من انتشاره على النحو التالي:

1. تحريم استيراد أو صناعة أو تجارة أو تداول أية مادة من المواد التي تؤدي لحدوث الإدمان.

2. تنظيم حملات توعية لمكافحة الإدمان على المخدرات عن طريق وسائل الإعلام المختلفة وتنظيم الندوات والمحاضرات في مختلف الهيئات الشبابية والتربوية والاجتماعية.

3. الاهتمام بالأنشطة الرياضية والثقافية والاجتماعية في المدارس والمعاهد والجامعات، والأندية والمؤسسات الشبابية.

4. يقع على عاتق الأسرة مسؤولية كبيرة في حماية الأطفال والشباب من السقوط في هاوية الإدمان بغض النظر عن المستوى المادي والاجتماعي للأسرة.

5. الاهتمام بتقديم مقررات في المدارس والجامعات تولي عناية فائقة بالقيم والأخلاق والمعنويات وآراء الحكماء في الحياة.

6. رفع مستوى العلاج والخدمات والرقابة الفعالة في المستشفيات والمصحات المختلفة في عـلاج المدمنين مع الاهتمام بمتابعة المدمن من الناحيتين الصحية والاجتماعية بعـد خروجـه مـن المستشفى من اجل مساعدته على الاندماج في المجتمع بشكل سليم.

الفصل الثالث

الإنترنت

الفصل الثالث

الإنترنت

تطور وسائل الاتصالات :

منذ بضعة آلاف من السنين تطورت وسائل الاتصال من إشارات اليد وأصوات الطبول (في العالم البدائي) والحمام الزاجل والإشارات الدخانية والجياد (في العالم القديم) ، والتلغراف الضوئي (في أواخر القرن الثاني عشر) ، وسكة الحديد والتلغراف والهاتف (في القرن التاسع عشر) إلى الإليكترونيات الرفيعة ممثلة بالبريد الإليكتروني والإنترنت اعتمادا على الأقمار الصناعية وكوابل الألياف البصرية (في النصف الثاني من القرن العشرين) مما جعل سرعة وسيلة النقل تقفز بما يتراوح بين 19 و 24 كيلومترا بالساعة للجياد و 145 كيلو مترا بالساعة لقطار ذلك الزمان، و 12 كلمة بالدقيقة برقيا (وهو الاختراع الأول الذي مكن من الاتصال عبر مسافات طويلة)، إلى بث 100 مليون بت من البيانات بالثانية الواحدة بواسطة الألياف البصرية الممدودة في قاع البحار والمحيطات .

لقد شهد عالم الحواسيب تطورات واسعة النطاق في القرن الماضي، وخاصة مع اكتشاف الترانزيستور في عام 1947 . وقبل اكتشاف الترانزيستور كانت الصمامات الفارغة Vacuum Tubes هي العنصر الرئيس المستخدم في صناعة الحواسيب ، و كانت تعاني من عدة مشكلات، أهمها كبر الحجم واستهلاك الطاقة والتخلص من الحرارة الناتجة عن ذلك الاستهلاك وغيرها ...

وفي الستينات بدأ عصر الحواسيب العملاقة في الازدهار ، وقد استمر إلى الآن . ومع نهاية السبعينات ومطلع الثمانينيات ، بدأت الحواسيب الشخصية في الظهور . ومع نهاية العقد اصبح ربط هذه الحواسيب بعضها مع بعض ليكون تشكيل الشبكات من الأمور الشائعة .

ومع انتشار الشبكات المحلية والشبكات العالمية التي تربط المدن ووجود عمود فقري أصلا لشبكة رئيسية من National Science Foundation (NSFNET) ظهرت شبكة الإنترنت العالمية التي تعد بحق "أم الشبكات".

مفهوم الإنترنت:

الإنترنت هي عبارة عن شبكة حواسيب ضخمة متصلة مع بعضها البعض. وتخدم الإنترنت أكثر من 200 مليون مستخدم وتنمو بشكل سريع للغاية يصل إلى نسبة 100% سنويا، وقد بدأت فكرة الإنترنت بوصفها فكرة حكومية عسكرية وامتدت إلى قطاع التعليم والأبحاث ثم التجارة حتى أصبحت في متناول الأفراد. والإنترنت عالم مختلف تماما عن الكمبيوتر، عالمٌ يمكن لطفل في العاشرة الإبحار فيه. ففي البداية كان على مستخدم الإنترنت معرفة بروتوكولات ونظم تشغيل معقدة كنظام تشغيل Unix أما الآن فلا يلزمك سوى معرفة بسيطة بالحاسب لكي تدخل إلى رحاب الإنترنت كما كان في الماضي من الصعب الدخول للإنترنت خلال الشبكة الهاتفية باستخدام مودم، ولكن مع انتشار شركات توفير الخدمة تبددت هذه الصعوبات، فمنذ أن بدأت شركة CompuServe توفير خدمة الدخول على الإنترنت بواسطة الشبكة الهاتفية عام 1995 عبر بروتوكولات Point-to-Point لم يعد الدخول إلى الإنترنت أمرا صعبا. وأهم عناصر الإنترنت الرئيسية هي (أ) الشبكة

العنكبوتية www (ب) نقل الملفات FTP (جـ) البريد الإلكتروني E-Mail (د) مجموعـات الأخبار Usenet. أهم ما يجب أن تعرفه عن الإنترنت هو أنها تعتمد اللغة الإنجليزية لغـة رسـمية، وأن الإبحار في الإنترنت مجاني تماما ولكن الثمن الذي تدفعه هو ثمن توفير الخدمة لك .

تعريف كلمة (إنترنت)

كلمة "إنترنت" Internet هـي اختصار الكلمـة الإنجليزيـة International Network ومعناها شبكة المعلومات العالمية، التي يـتم فيهـا ربـط مجموعـة شبكات مـع بعضها الـبعض في العديد من الدول عن طريق الهاتف والأقمار الصناعية ، ويكون لها القـدرة عـلى تبـادل المعلومـات بينها من خلال أجهزة كمبيوتر مركزية تسمى باسم أجهزة الخادم Server، التي تسـتطيع تخـزين المعلومات الأساسية فيهـا والـتحكم بالشبكة بصـورة عامـه ، كـما تسـمى أجهـزة الكمبيـوتر التـي يستخدمها الفرد باسم أجهزة المستخدمين Users.

تاريخ الإنترنت

بـدأت فكرة إنشاء شبكة معلومات من قبل إدارة الدفاع الأمريكيـة في عـام 1969 م . عـن طريق تمويل مشروع من أجل وصل الإدارة مع متعهدي القوات المسلحة، وعدد كبير من الجامعات التي تعمل على أبحاث ممولة من القوات المسلحة، وسميت هـذه الشبكة باسـم (أربـا) ARPA اختصار الكلمة الإنجليزية The Advanced Research Project Administration وكان الهـدف من هذا المشروع تطوير تقنية تشبيك كمبيوتر تصمد أمام هجوم عسكري ، وصممت شبكة " أربـا " عن طريق خاصية تدعى طريقة إعادة التوجيه الديناميكي Dynamic rerouting وتعتمـد هـذه الطريقة على تشغيل

الشبكة بشكل مستمر حتى في حالة انقطاع إحدى الوصلات أو تعطلها عـن العمل تقـوم الشبكة بتحويل الحركة إلى وصلات أخرى .

فيما بعد ـ لم يقتصر ـ أستخدم شبكة " أربانيت " علـى القـوات المسـلحة فحسـب، فقـد استخدمت من قبل الجامعات الأمريكية بكثافة كبيرة ، إلى حد أنها بدأت تعانـي مـن ازدحـام يفـوق طاقتها ، واصبح من الضروري إنشـاء شبكة جديدة، لهذا ظهـرت شبكة جديدة في عـام 1983 م سميت باسم " مل نت " MILNET لتخدم المواقع العسكرية فقط ، وأصبحت شبكة " اربانيت " تتولى أمر الاتصالات غير العسكرية ، مع بقائها موصولة مـع "مـل نـت " مـن خـلال برنامج أسـمه بروتوكول " إنترنت " internet Protocol (IP) الذي أصبح فيما بعد المعيار الأساسي في الشبكات .

بعد ظهور نظام التشغيل "يونيكس " Unix الذي اشتمل على البرمجيات اللازمة للاتصال مع الشبكة وانتشار استخدامه في أجهزة المستفيدين أصبحت الشبكة مره أخرى تعانـي مـن الحمـل الزائد ، مما أدى إلى تحويل شبكة " أربانيت " في عام 1984 إلى مؤسسة العلوم الوطنيـة الأمريكيـة National Science Foundation (NSF) التي قامـت بـدورها وبالتحديـد في عـام 1986 بعمل شبكة أخرى أسرع أسمتها NSFNET ، وقد عملت هذه الشبكة بشكل جيد لغاية عام 1990 الذي تـم فصل شبكة "أربانيت" عـن الخدمـة بعـد 20 عـام بسـبب كثرة العيـوب فيهـا ، مـع بقـاء شبكة NSFNET جزءا مركزيا من "إنترنت".

في أوائل الستينات :

افترضت وزاره الدفاع الأمريكية وقوع كارثة نووية ووضعت التصورات لمـا قـد ينـتج عـن تأثير تلك الكارثة على الفعاليات المختلفة للجيش ،

وخاصة فعاليات مجال الاتصالات الذي هو القاسم المشترك الأساسي الموجه والمحرك لكل الأعمال. وأتت الفكرة وكانت غاية في الجرأة والبساطة ، وهو أن يتم تكوين شبكه اتصالات ليس لها مركز تحكم رئيسي، فإذا ما دمرت أحدها أو حتى دمرت مائه من أطرافها فان على هذا النظام أن يستمر في العمل . لذا فان الباحثين أسسوا شبكه أطلق عليها اسم شبكه وكالة مشروع الأبحاث المتقدمة Advanced Research Projects Agency Network (ARPANET) وذلك بوصفه مشروعا خاصا لوزارة الدفاع الأمريكية. وكانت هذه الشبكة بدائية مرتبطة بواسطة توصيلات الهاتف في مراكز أبحاث تابعه لجامعات أمريكية. وقد جعلت الوزارة هذه الشبكة ميسره للجامعات ومراكز الأبحاث والمنظمات العلمية الأخرى ولأجراء الأبحاث من اجل دراسة إمكانيات تطويرها ، ونتيجة لهذا الوضع فإنها نمت بشكل ملحوظ ما بين سنه 1982 و 1985 إلى قسمين 1983 سنه ARPANETكانت ولادة الإنترنت فلقد انقسمت واستخدمت الأولى في جهود الأبحاث المدنية، أما الثانية فاحتفظ بها للاستخدامات العسكرية. MILNET

وفي سنه 1986 فان مؤسسة العلوم الوطنية National Science Foundation شبكت الباحثين بعضهم ببعض في كافه أنحاء الولايات المتحدة من خلال خمسه حواسيب عملاقة ، وسميت هذه الشبكة باسم **SFNET** . لقد تكونت هذه الشبكة من مراكز لخطوط الإرسال ، وذلك كي تحمل المعلومات التي تتحرك سريعا جدا ولمسافات بعيده إن هذه الشبكة كونت العمود الفقري للبنية التحتية للإنترنت وخاصة بعد أن رفعت الحكومة الأمريكية يدها عنها. بدأت تقديم خدمه الإنترنت للناس عمليا في سنه 1985

كان عدد المشتركين يتزايد بشكل كبير وأصبح الإنترنت الآن وكما هو جلي أكبر شبكة معلومات في تاريخ البشرية.

الخمسينيات

1957 الاتحاد السوفيتي يطلق Sputnik أول قمر صناعي. ردت عليه الولايات المتحدة بتأسيس (وكالة مشروع الأبحاث المتطورة) (Advanced Research Project Agency) اختصارا (ARPA) بتمويل من وزارة الدفاع الأمريكية.

الستينيات

1967 أول ورقة تصميم عن ARPAnet تنشر بواسطة لورنس روبرت.

ARPAnet 1969تؤسس بتمويل من وزارة الدفاع لإجراء بحوث عن الشبكات. تم إنشاء أربعة مفاصل Nodes.

السبعينيات

1970 تأسيس Alohanet بجامعة هاواي.

1972 Alohanet ترتبط بـ ARPAnet.

1972 ري توملنسون اخترع برنامج البريد الإلكتروني لإرسال الرسائل عبر الشبكات الموزعة.

1973 أول اتصال وربط دولي مع ARPAnet وذلك مع جامعة كلية لندن University College of London.

1974 BBNتدشن Telnet وهي نسخة تجارية لـ ARPAnet.

1974 Vint Cerfو Bob Kohn ينشران تصميما لبروتوكول يسمى TCP.

الثمانينيات

1981 Miniteltو Teletel تنتشر في فرنسا بواسطة France Telecom.

1982 DCAو ARPA يؤسسان (TCP) أي Transmission Control Protocol و (IP) أي Internet Protocol وبذلك أصبحت (TCP/IP) اللغة الرسمية للإنترنت.

1982 EUnetأسست بواسطة Euug لتقدم خدمة البريد الإلكتروني ومجموعات الأخبار.

1982 مصطلح (إنترنت) يستخدم لأول مرة.

1983 تطوير ما يسمى بـ Name Server في جامعة ويسكنسن.

1984 تم تطوير DNS أي Domain Name Server وتجاوز عدد النظم المضيفة (Hosts) ما يقارب 1000 جهاز.

1987 تجاوز عدد النظم المضيفة 10000 جهاز.

1987 اتحاد شركات Merit و IBM و MCI لتكون شركة ANS والتي قامت بتقوية اتصالات الشبكة وأجهزتها ثم فتح الخدمة في الدول الحليفة لأميركا.

1989 تجاوز عدد النظم المضيفة 100000 جهاز.

1989 تكوين (وحدة مهندسي الإنترنت IETF) و (وحدة باحثي الإنترنت IRTF) تحت اشراف IAB.

1989 ارتبطت كل من (استراليا، ألمانيا، إسرائيل، إيطاليا، اليابان، المكسيك، هولندا) بشبكة NSFNET.

التسعينيات

1990 نشأت Archie.

1990 أصبحت شركة The World Comes On-line أول شركة تجارية توفر خدمة الإنترنت.

1991 تونس ترتبط بالإنترنت بوصفها أول دولة عربية ترتبط بالشبكة.

1991 نشأت WAIS و Gopher و WWW.

1992 تأسست جمعية الإنترنت Internet Society وتجاوز عدد النظم المضافة مليون.

1992 الكويت ترتبط بالإنترنت.

1992 البنك الدولي يرتبط بالإنترنت.

1993 البيت الأبيض والأمم المتحدة يرتبطان بالإنترنت.

1993 مصر والإمارات ترتبطان بالإنترنت.

1993 انتشر Mosaic و WWW و Gopher بشكل واسع جدا.

1994 انتشار التسوق على الإنترنت والشركات تدخل الشبكة بشكل واسع.

1994 لبنان والمغرب ترتبطان بالإنترنت.

1995 CompuServe و America On-line و Prodigy تعمل لتوفير الخدمة للمشتركين.

1995 طرح JAVA في الأسواق.

1996 انعقاد أول معرض دولي للإنترنت.

1996 قطر وسوريا ترتبطان بالإنترنت.

1999 المملكة العربية السعودية ترتبط بالإنترنت.

2000 العراق يرتبط بالإنترنت .

كما حققت المنطقة العربية تطورا في نطاق وسرعة الإنترنت إذ نمت بنسبة 154 بالمائة لتصل إلى 1,9 غيغابايت في الثانية، وذلك خلال الفترة من أغسطس/آب من العام 2001 ويناير/كانون الثاني من العام الجاري. ووصل عدد المشتركين في خدمة الإنترنت خلال العام 2001 إلى 1,08 مليون مستخدم بزيادة نسبتها 47 بالمائة، أي ما يعادل نسبة نمو مقدارها 348,000 مشترك. وقد ترافق تطور قطاع خدمات الإنترنت في السعودية مع طلب غير مسبوق على البرامج وأجهزة الكمبيوتر والخدمات. وتبقى السوق السعودية الأكبر من نوعها في منطقة الشرق الأوسط من حيث عدد أجهزة الكمبيوتر

المباعة والأجهزة الطرفية والبرامج واستشارات تقنية المعلومات. وأضاف بـن سليمان: "بـات مـن الضروري خلق مركز إقليمي لتكنولوجيا المعلومات وتشجيع عملية تعزيز العلاقات والاتفاقيـات الإقليمية، على أن تشمل القطاعين العام والخاص. وسيدعم هذا الأمر عملية تطوير قطاع تكنولوجيا المعلومات في المنطقة بشكل عام. كما تعد مدينة دبي للإنترنت الموقع المثالي والمركز الإقليمي الأبـرز لتقنية المعلومات كوننا نمتلك بنية تكنولوجية متطورة وبيئة عمل مثالية تواكب التطورات العالمية"

.

مجالات استخدام الإنترنت

طريق المعلومات السريع :

عندما ظهر الحاسوب، وبدأت الشبكات ، كانت الوسيلة الرئيسية لنقل المعلومـات هـي الطريقة المقروءة Text . ولكـن بتطـور التكنولوجيا وتطور الحاسـوب والبرمجيات التـي تسـاعد الصوت والصورة (Audio , Video) ظهـرت الفكرة والحاجـة إلى نقل المعلومات بشتى صـورها المقروءة والمرئية والمسموعة، و أخيرا الصور ذات البعد الثلاثي ، ودمج كل هذه الأشكال المعلوماتيـة في نظام معلوماتي موحد إلى خدمة كافة القطاعات العلميـة والاجتماعيـة والصناعية وغيرهـا مـن القطاعات الأخرى . ويعرف هذا المشروع بمشروع طريق المعلومات السريع.

البحث في الشبكة :-

من الطبيعي انه كلما زادت كمية المعلومات على الشبكة اصبح البحـث عـن معلومات معينـة أمـرا غـير يسـير ، لكـن لتسـهيل البحـث أنتجـت شركـات الحواسـيب والبرمجيات الـبرامج المتخصصة التي من شانها البحث عن المعلومات المطلوبة، فمـثلا، مـن أشـهر البرمجيات المتـوافرة والتي تساعد

51

المستخدمين في عملية البحث "ياهو" Yahoo، لايكوس Lycos، أكسيت Excite، ألتافيستا Altavista. وباستطاعة الجهة التي تصنع صفحتها على الشبكة الاتصال بهذه الشركات والتنسيق معها لوضع معلوماتها على أجهزتها لكي تسهل عملية البحث للآخرين.

وتغطي الشبكة جميع مجالات الحياة المختلفة للفرد، كالمجال الصحي، والثقافي، والاقتصادي، والسياسي، ونشرات الأخبار، والتعليم، ودور النشر، والسياحة والمتاحف والمعارض، وغيرها، لذا فكل ما يخطر على بال الفرد موجود على الشبكة وبدرجات متفاوتة من التفصيل وبطبيعة الحال، لا يحصل المستخدم على جميع المعلومات مجانا . فهناك معلومات دعائية، ومقالات معروضة بنصوصها الكاملة، وهناك مجالات لا تتاح إلا للمشترك فيها، ولا اقصد هنا المشترك بالإنترنت، ولكن المشترك مع الهيئة المعنية.

خدمات شبكة الإنترنت :

وتتنوع خدمات شبكة الإنترنت بعد أن ربطت بين جميع القطاعات بدون التقيّد بنوعيه الحواسيب، و أصبحت تضم الشركات والهيئات الحكومية والمراكز البحثية والمنظمات العالمية . ويقف وراء سرعة انتشار الإنترنت تقدم الخدمات المتنوعة والعديدة، ومن أهم الخدمات التي تقدمها شبكة الإنترنت :-

1. البريد و شبكة الإنترنت Mail Electronic

يقوم البريد الإلكتروني بدور حيوي في الربط بين مستخدمي الشبكة العالمية (إنترنت) في جميع المجالات ومختلف التخصصات ، إذ إنه يتيح للمستخدم الاتصال بأقرانه في أي مكان في زمن قياسي لا يتعدى بضع ثوانٍ،

ويمكن أن يتلقى الرد على خطابه في الوقت نفسه في حالة وجود المتلقـي أمـام جهـاز يقـرأ بريـده الإلكتروني.

وأصبحت للبريد الإلكتروني أهمية كبرى في النشاط اليومي لكل مسـتخدم ، إذ أصبح مـن العادات اليومية أن يبدأ المستخدم يومه بتصفح الرسائل الـواردة إليـه والـرد عليهـا ، فـنرى البريـد الإلكتروني يقوم الدور نفسه الذي يقوم به البريد العادي مع السرعة، وضمان وصول الرسالة والـرد الفوري عليها .

2. المؤتمر الإلكتروني Electronic Conference

هو الصورة الإلكترونية لعقد مـؤتمر أو مـا يسـمى " حـوارا تفاعليـا " باسـتخدام الهـاتف، فـيمكن لأي مسـتخدم التحـدث مـع الآخـرين باسـتخدام الشاشـة ولوحـة المفـاتيح، فنجـد شاشـة الحاسوب تنقسم إلى قسمين: علوي وسفلي، وكل متحدث يكتب ما يريد في القسم الخاص به .

ويمكن أن يمتد الحديث ليشمل عددا كبيرا من الأشخاص في وقت واحد ، وفي هذه الحالـة تنقسم الشاشة إلى عدد من الأقسام ، حسب أعداد المستخدمين.

3. تبادل الملفات Exchanging Files

يعد تبادل الملفات من أهم الخدمات المطلوبة والمميزة لشبكة المعلومات العلمية . وهي تتيح الفرصة للمستخدمين لتبادل البيانات والمعلومات في صورة ملفات يتم نسخها بـين الحواسـيب المختلفة داخل شبكة الإنترنت .

4. الاستخدام عن بعد Remote use

تعد هذه الخدمة من أكبر الخدمات المطلوبة على شبكة الإنترنت ؛ إذ إنها تمكن المستخدم في أي مكان وعلى مسافة آلاف الكيلومترات من استخدام الحواسيب الموجودة مثلا في الولايات المتحدة أو أوربا ، وكأنما المستخدم يجلس في الأجهزة نفسها التي يستقي منها المعلومات .

5. جوفر Gopher

أوسع خدمات شبكة الإنترنت انتشارا ؛ إذ تتيح للمستخدم أن يحصل على عدة قوائم معلومات أو بيانات أو ملفات على الشبكة ، وان تكون هذه القوائم مسلسلة ومرتبة تبعا للموضوعات والاهتمامات. وهذه الخدمة تمكن المستخدم من الحصول على معلومات متشعبة وموزعة على أماكن مختلفة في العالم وعلى عدد كبير من المراكز المتصلة بالشبكة ، وهي تظهر للمستخدم وكأنها مختزنة على جهازه الخاص . ومن خلال هذه الخدمة نجد المستخدم يحصل على معلومات لا حصر لها .

"وجوفر " في اللغة الإنجليزية هو اسم حيوان أمريكي قارض يتميز بقدرته الفائقة على حفر سراديب وأنفاق تحت الأرض يصعب تحديد مداخلها ومخارجها .

6. مجموعات المناقشة Discussion Groups

من شبكة الإنترنت يتم عمل مجموعات للمناقشة والحوار ، ويستطيع المستخدم من خلال الشبكة اختيار إحدى هذه المجموعات حسب الموضوعات التي تتم مناقشتها ، كما أن العديد من هذه المجموعات تصدر نشرات دورية عن هذه المناقشات يتم استقبالها على شاشة الحاسوب ، وبالضغط على زر معين لتخرج إليك المطبوعة .

7. الدليل الإلكتروني Electronic Guide

تشبه هذه الخدمة دليل الهاتف ، ومن خلالها يمكن الحصول على عنوان البريد الإلكتروني أو رقم الهاتف لأي مشترك .

8. برامج التعليم و التسلية Education and entertainment

إذ يتم إلقاء المحاضرات أو الدروس . كما أمكن استخدامها في الترقية والتسلية ، فيستطيع المستخدم أن يلعب " الشطرنج" مثلا مع مستخدم أخر في دولة أخرى ، كما إنها أتاحت الفرصة للشركات والمؤسسات التجارية المختلفة لتبادل البيانات المتعلقة بجميع المعاملات التجارية. وتمثل هذه البرامج أيضا فرصة للباحث العلمي أن يتابع رسالته . فيتناقش مع أساتذة أو مشرف في بلد آخر أو دول أخرى، ويتبادل معه المشورة ، كما أمكن عمل فريق بحثي من دول مختلفة للمناقشة في موضوع ما، من خلال الشبكة التي مكنت من توفير تكاليف السفر والوقت ، كما أمكن من خلالها تنظيم المؤتمرات وغير ذلك من الإنجازات.

9. التصوير الطبي Medical Imaging

فمثلا صور الأشعة المختلفة التي تريد نقلها وعرضها على المستشفيات الأخرى ، يمكن عملها من خلال استخدام نظم الاتصال متعددة الوسائط Multimedia.

10. الحقيقة الافتراضية Virtual Reality

هي طريقة لعرض المناظر المجسمة المركبة والتي يتم توليدها عن طريق الحاسوب و السماح للمستخدم ليس فقط لمشاهدتها ولكن بالتفاعل معها ، ومن ثم يشعر المستخدم انه داخل الحدث نفسه ، واحد هذه التطبيقات " التصوير المعماري " إذ يعطيك هذا النظام الإحساس بأنك تتجول داخل المنزل

الذي لم يتم بناؤه بعد، وتحس باتساعه وتجربة نظم الإضاءة وشكل الأثاث ، فيمكنك إبداء ملاحظاتك على كل التفاصيل، من تصميم وديكور، وبذلك يأخذ المهندس المعماري وأخصائي الديكور ملاحظاتك في الاعتبار قبل البدء في التنفيذ .

دراسة توزيع مستخدمي إنترنت في العالم

تشير التوقعات إلى أن عدد مستخدمي إنترنت في الصين أو الهند، سيكون اكبر من عددهم في الولايات المتحدة الأمريكية في غضون السنوات العشر التالية (حسب روزنامة صناعة الكمبيوتر www.c-I-a.com)، لعاملين أساسيين، هما : التعداد السكاني الضخم في كل من الدولتين، والاستثمارات الحالية في البنى التحتية للاتصالات. النسبة الكبرى من المستخدمين، ستبقى من نصيب أمريكا الشمالية حتى سنة 2005 إذ قدر التقرير الشامل ، الذي نشر في سبتمبر/ أيلول 1999، أن عدد مستخدمي إنترنت في العالم نهاية سنة 2005 سيبلغ 717 مليونا، بينما بلغ العدد الإجمالي للمستخدمين نهاية سنة 2000 حوالي 350 مليون مستخدم ، بمتوسط 52.5 مستخدم لكل ألف نسمة (شملت الدراسة 50 بلد في العالم، واستندت إلى إحصائيات مجمعة منذ سنة 1990) بينما بلغ العدد سنة 2002 حوالي 490 مليونا وستبقى أعداد مستخدمي إنترنت في أمريكا الشمالية في الطليعة، لكن معدل نمو استخدام إنترنت في أوربا الغربية، سيفوق معدل النمو في أمريكا وتكون نسبة المستخدمين لكل ألف نسمة، من أعلى النسب في العالم تليها أمريكا الشمالية.

وستحظى البلدان الآسيوية بمعدل النمو الأكبر في عدد المستخدمين بين جميع بلدان العالم لكنها ستبقى في المرتبة الثالثة، سنة 2005

(انظر الجدول رقم1)، إذ تقترب كل من أمريكا الشمالية وبلدان أوربا الغربية مـن درجـة التشبع، وتنطلق البلدان الآسيوية ذات الحجـم السكاني الهائـل ، باستخدام إنترنـت علـى مستوى أوسع.

الجدول رقم (1)
توقعات أعداد مستخدمي إنترنت تبعا للمنطقة – سنة 2005
(مليون مستخدم)

النسبة من عدد السكان (مستخدم/1000 نسمة)	النسبة من مجموع المستخدمين (%)	سنة 2005 (مليون مستخدم)	المنطقة
229.7	32.1	230	أمريكا الشمالية
501.4	28.2	202	أوروبا الغربية
45.9	23.8	171	آسيا / باسفيك
78.6	6.0	43	أمريكا الجنوبية والوسطى
23.6	3.7	26.7	الشرق الأوسط وأفريقيا
	6.2	44.4	باقي الدول
10.52		717	المجموع

سنة 1999 : نمو مطرد

يلاحظ متتبع تطور أعداد مستخدمي إنترنت في العالم، خلال السنة الأخيرة، فقد أزداد عدد المستخدمين مـن 151 مليـون مسـتخدم، بداية سنة 1999، ليبلغ 201 مليون مستخدم في سبتمبر 1999، أي خلال 10 اشهر

فقط . لكن نسبة المستخدمين من سكان العالم لا تزيد على 4.78% من إجمالي السكان، كما يظهر في لجدول رقم(2)

الجدول رقم (2)

تطور عدد مستخدمي إنترنت ، ونسبتهم إلى عدد سكان العالم

الشهر	عدد المستخدمين في العالم (مليون)	النسبة من سكان العالم
سبتمبر 1999	201.05	4.78
أغسطس 1999	195.19	4.64
يوليو 1999	185.2	4.41
يونيو 1999	179	4.27
أبريل 1999	163.25	3.9
مارس1999	159	3.89
فبراير1999	153.5	3.75
يناير1999	151.75	3.71
ديسمبر1999	150	3.67

وتظهر أعداد مستخدمي إنترنت في العالم ، كما قدرت في سبتمبر 1999 (جدول رقم 3) ، توزيعا مناطقيا غير متكافئ.

جدول رقم (3)

توزيع مستخدمي إنترنت في العالم، حسب المنطقة

المنطقة	عدد المستخدمين (مليون)	النسبة (%)
كندا وأمريكا	112.4	55.91
أوروبا	47.15	23.45
آسيا / الباسيفيك	33.61	16.72
أمريكا اللاتينية	5.29	2.63
أفريقيا	1.72	0.86
الشرق الأوسط	0.88	0.44
المجموع	201	

تستأثر الولايات المتحدة الأميركية وكندا بالحصة الكبرى (112.4 مليون مستخدم)، تليها الدول الأوروبية بواقع 47.15 مليون مستخدم (بريطانيا، ثم ألمانيا، ثم فرنسا، ثم إيطاليا، على الترتيب، في طليعة الدول الأوروبية). وتحتل آسيا المرتبة الثالثة (اكثر من نصف المستخدمين في اليابان)، بينما يحظى الشرق الأوسط بالترتيب الأخير بين مناطق العالم!

والملاحظة في الجدول، أن الأرقام المأخوذة عن بلدان الشرق الأوسط مبنية على الأرقام التي نشرتها في مايو / أيار 1999، مجلة إنترنت العالم العربي ، وتجزأت منها أرقام الدول العربية الواقعة في القارة الأفريقية، وضمنتها أعداد المستخدمين في إسرائيل. وكانت صدرت إحصائية جديدة عن المجلة في شهر أغسطس / آب 1999، قدرت أن عدد المستخدمين في العالم العربي كله، بلغ 1.1 مليون مستخدم.

استخدامات الإنترنت

تستخدم الشبكة في مجالات عديدة ، لما تقدمه من خدمات معلوماتية وخدمة البريد الإلكتروني ، كما أنها توفر النفقات المالية بالمقارنة مع أنظمة البريد العادية ، فهي تستخدم في المجالات التالية:

1. الخدمات المالية والمصرفية .

إن غالبية البنوك تستخدم الشبكة في أعمالها اليومية ، لمتابعة البورصات العالمية، وأخبار الاقتصاد .

2. التعليم .

يوجد لشبكة المعلومات استخدامات في غاية الأهمية للجامعات والمدارس ومراكز الأبحاث ، إذ يمكن من خلالها نقل وتبادل المعلومات بينها، ونشر الأبحاث العلمية ، كما يستطيع الباحث الحصول على المعلومات المطلوبة من المكتبات العامة، أو من مراكز المعلومات بسرعة كبيرة جدا بالمقارنة مع الطرائق التقليدية . ويمكن الاستفادة من الشبكة في عملية التعلم عن بعد بصورة كبيرة جدا .

3. الصحافة .

أصبح الآن ليس صعبا نقل الأخبار من دولة إلى أخرى أو مكان إلى آخر بعد استخدام شبكة " إنترنت "، فيستطيع الصحفي كتابة الموضوع أو المقال الذي يريده ثم نقله بسرعة إلى المحررين في الصحفية، أو المجلة التي يعمل بها .

وهناك استخدامات أخرى منها استخدام الشبكة في الحكومة، المنزل، الشركات، السياحة،... الخ .

الإدمان على الحاسبات :

هناك إدمان يعرفه الملتصقون بالحاسبات وهو إدمان الحاسبات، والسؤال أعلاه مرتبط بهذا النوع.

من أمثلة الإدمان أن يتعدى الوقت الذي يقضيه المرء أمام الجهاز أكثر من ثلث اليوم دون فاعلية حقيقية أو إنتاج ملموس مما يستدعي إعادة النظر, هل ذلك الوقت ينقضي- في عمل حقيقي أم انه للاستئناس بالقرب من هذأ الجهاز السحري؟

ويتأثر بعض الناس بعمله على أجهزة الحاسب الآلي وتنتابه بعض الأفكار التي يمكن تصنيفها ضمن آثار الإدمان، وهي في ظاهرها طريفة لكن لها دلالة على تأثر صاحبها بعمله على الحاسب الآلي.

ولعلنا نستعرض بعض هذه الأمثلة فحين تزداد حدة إدمان الحاسب فان المرء يبدأ بعدها بالنظر إلى العالم من حوله بعيون حاسوبية ويبدأ في التفكير في تطبيق أوامر حاسوبية على شؤون حياته اليومية بحيث ينظر إلى العالم من حوله وكأنه حاسب آلي يتعامل معه بالأزرار والأيقونات.

ومن الطرائف التي تذكر في هذا السياق والتي يدور بعضها في أوساط المتعاملين بالحاسبات أن يتمنى أحدهم لو كان بإمكانه الحصول على أوامر حاسوبية ليستفيد منها في حل مشاكله الحياتية اليومية، فحين يغرق في أعمال كثيرة لا يكاد يجد الوقت لإنجازها يتمنى لو كان هنالك زر لإعادة التهيئة Reset ليضغطه ويتخلص من مشاغله الكثيرة ويعود خالي البال، وشخص مثل هذا يعد مدمنا حاسوبيا ولاشك، وحين يركب سيارته ويسلك مخرجا خاطئا على الطريق السريع ولا يكون بمقدوره تعديل الخطأ إلا بعد مسير خمسة كيلومترات فانه يتمنى لو كان بإمكانه الضغط على زر التراجع

Undo ليعود للخط السريع دون عناء، وحين يأتي العيد ويكون عليه أن يدور طوال أيام العيد للسلام على أقاربه ومن له حق عليه ويتمنى لو كان بإمكانه الضغط على زر الاختيار الكلي Select All ثم يقوم بالسلام عليهم جميعا دفعة واحدة فان يكون بذلك مدمنا.

وحين تضيق به الدنيا فيستدين ثم يحيط به الدائنون من كل حدب وصوب ولا يجد مخرجا يتمنى لو أن بإمكانه إجراء بعض التعديلات كما في برنامج آيسيكيو فيكون خفيا Invisible أو يتمكن من إضافة هؤلاء الدائنين إلى القائمة المهملة Ignore List وهذا الأمر بالذات يتمناه الكثيرون.

حين تتعطل سيارته يتمنى لو كان لدى الميكانيكي إمكان لمسح السيارة بمضاد للأعطال يشبه في عمله مضاد الفيروسات ليجد العطل مباشرة بدلا من التخبط هنا وهناك, وحين يحدث بينه وبين زوجه ما لا يرضيه ويتمنى الخلاص منها، لكنه لا يجد مناصا من ذلك لما بينهما من الأبناء والارتباطات الكثيرة فانه يتمنى لو كان بإمكانه إجراء عملية إزالة كاملة Clean Uninstall ليتخلص منها ومن توابعها ويجتثها تماما من حياته, وحين يبلغ من العمر عتيا ويتمنى حينها أن يضغط على زر التحديث Refresh ليعود إلى شبابه، أو يتمنى لو يعود من جديد بالضغط على فتح ملف جديد New Document ليبدأ في كتابة صفحة جديدة من حياته.

والأمثلة في هذا السياق كثيرة لكن الدنيا لا تدار بحاسب آلي وقد وصف أستاذ جامعي أبناء جلدته بقوله: ينظر كثير منا نحن الأكاديميين إلى العالم من حوله من خلال تخصصه فقط والذي جعله كالنظارة لا يرى إلا من خلالها ومدمن الحاسبات شبيه بهذا.

الفصل الرابع

الإدمان على معلومات الإنترنت

ADDICTION INTERNET INFORMATION

الفصل الرابع

الإدمان على معلومات الإنترنت

ADDICTION INTERNET

INFORMATION

الإدمان على الإنترنت

شبكة الإنترنت هي مصدر هائل للمعلومات .. يستخدمها مختلف الطوائف بحثا عن المعلومات .. فالدارس أو الباحث يستخدمها أداة للبحث .. في حين يستخدمها رجال الأعمال للتعرف على احدث المنتجات في مجالهم .. أما الشركات فقد أصبحت تعتمد عليها بوصفها وسيلة تسويقية جيدة قليلة التكلفة، وكذلك بوصفها وسيلة اتصال لإرسال رسائل البريد الإلكتروني واستقبالها وصارت تعد بديلا اقل تكلفة لإرسال رسائل الفاكس والمكالمات الهاتفية باهظة التكاليف.

تستخدم الأسر والأشخاص العاديون الإنترنت وسيلة للتسوق أو الدفع الإلكتروني للفواتير، بالإضافة إلى استخدامها وسيلة للاتصال بباقي أفراد أسرهم وأصدقائهم في الأماكن البعيدة .

إن الإنترنت بمثابة بوابة لعالم جديد مثل (أليس في بلاد العجائب).. إذ لن تستطيع أن تعلم بالتحديد أين ستأخذك الرحلة .. فالبوابات المختلفة تفتح دون انتظار لتقلك الراحلة إلى " اتجاهات" جديدة وأماكن عديدة كالبساط السحري، فيمكنك معرفة أي شيء وكل شيء.

وليس لزاما عليك أن تكون وحيدا في رحلتك الإنترنتية.. فدائما ما سيكون هناك شخصٌ ما موجودٌ في مكان ما يمكنك الالتقاء به.

65

إذن ما هي المشكلة؟ المشكلة بالنسبة للبعض تكمن في أن عالم الإنترنت يستحوذ عليهم للدرجة التي يطغى فيها على عالمهم الحقيقي.. بعض الناس قد اختاروا بالفعل أن يكونوا على اتصال بالكمبيوتر بدلا من التواصل مع ذويهم وأصدقائهم في العالم الحقيقي.. هؤلاء الناس هم من وصل بهم (إدمان الإنترنت) للدرجة التي أثرت أو تؤثر الإنترنت فيها على علاقاتهم سواء الأسرية أو الزوجية أو نجاحهم في العمل .

(أن إدمان الإنترنت) ليس مثيلا لحالات الإدمان الأخرى كالمخدرات والكحوليات .. بل هو عادة قد تم فقد السيطرة عليها للدرجة التي تؤثر على طبيعة حياة الشخص العادية وعلاقته بالمجتمع المحيط .

دراسة سابقة لإدمان الإنترنت : انبثاق اضطراب سَرِيرِيّ جديد

أُجري هذا البحث من قبل الدكتور كيمبيرلي يونج في جامعة بتسبورغ في برادفورد و لم يتوصل البحث الذي يقوم به علماء الاجتماع وعلماء النفس أو أطباء الأمراض العقلية إلى تعريف لهذا السلوك الإدماني ويتقصى هذا البحث وجود إدمان الإنترنت باستخدام نسخة مناسبة من معيار مستخدم لعلاج مرض المقامرة الذي تم تعريفه فيIV - DSM (APA1994) وعلى هذا الأساس تمت دراسة حالات 396 مستخدما سابقا للإنترنت ومجموعة سيطرة من 100 مستخدم جديد للإنترنت. وقد بينت المعلومات الوصفية طبيعة الهدف الذي يستخدم الإنترنت من اجله لكلا المجموعتين . ويلخص هذا البحث إلى أن إدمان الإنترنت موجود فعلا ومناقشة الضمانات لاستخدام مثل هذا التطابق لهذا المعيار لوضع تعريف ولمراقبة حالات إدمان الإنترنت .

إدمان الإنترنت : ظهور مرض جديد

لقد ركز البحث الطبي حول السلوك الإدماني بشكل كبير على إدمان المواد مثل إدمان
المخدرات والكحول بينما يعتقد كثيرون أن كلمة إدمان يجب إن تقتصر على الحالات التي تتضمن
تناول المخدرات، فقد اظهر البحث عددا من السلوكيات بأنها سلوكيات إدمانية محتملة وتتداخل
مع استخدام مواد لإغراض نفسية أو أمراض نفسية أخرى تتضمن هذه الأمراض اضطرابات الأكل ،
المقامرة المرضية ، إدمان الكمبيوتر وإدمان العاب الفيديو . و قد أشارت التقارير القصصية بـان
بعض مستخدمي الحاسبات بدأوا يدمنون الإنترنت مثلما يدمن الآخرون على المخدرات كالكحول أو
المقامرة مع النتائج الأكاديمية والاجتماعية والوظيفية المتأتية عن هذا عن الاستخدام. وعلى أي حال
لم يتم اختبار مفهوم إدمان الإنترنت بصورة علمية. ولهذا يعتمد هذا البحث التفسيري عـلى الـنمط
المستخدم لمعالجة مرض المقامرة، كما أنه يوفر تعريفا يمكن العمل عليـه بوصفه إدمانا ولتعريـف
حالات إدمان الإنترنت ولتحديد إذا كان يجب أن يكون ما سيشغل أطباء الصحة النفسية.

الطريقة :

كانت عينة البحث مستخدمي إنترنت تطوعوا ليشاركوا في هذه الدراسة . وقد استجاب
المتطوعون لإعلانات تبحث عن مستخدمي إنترنت شرهين والموضوعة عـلى عينـة اعتباطيـة مـن
مجموعة شبكات المستخدمين وفي إعلانات الجرائـد المحليـة والعالميـة وفي النشرات الإعلانيـة
الموضوعة في الحرم الجامعي للكليات المحلية، وتم جمع المعلومـات عـن طريـق البريد الإلكتروني
والمقابلات التلفونية والشخصية مع الذين استجابوا للإعلان. وفي البداية تم تقسيم موضوع البحـث
إلى مستخدمين سابقين للإنترنت ومستخدمين

جدد بناء على استبانة من ثمان فقرات . وطبقا لمقياس DSM - IV إذ أجاب الشخص بنعم عن خمسة أسئلة أو اكثر من الثمانية أسئلة فيعد مستخدما سابقا للإنترنت وعلى هذا الأساس تكون لدينا مجموعتان (مستخدمو الإنترنت السابقين 396 شخصا أو مستخدمو الإنترنت الجدد 100 شخص) . وقد سأل الأشخاص أسئلة مفتوحة ترتبط بالساعات التي يقضونها على الإنترنت ونوع الأجهزة التي استخدموها وما هي المشاكل، إذا كان هناك مشاكل تركها استخدام الإنترنت في حياتهم وأخيرا اطلب من الأشخاص أن يصفوا طبيعة المشاكل حسب درجات (لا يوجد، قليل، معتدل، أو اكثر) وأخضعت المعلومات الكمية التي تم جمعها إلى تحليل للطبيعة لمعرفة الصفات والسلوكيات والمواقف الناتجة، وجمعت أيضا الدراسات الإحصائية عن كل شخص .

النتائج :

المعلومات التحليلية :

تم استخدام عدد من الوسائل والانحرافات القياسية والنسب المئوية والرسوم البيانية للشيفرة لتحليل المعلومات وتضمنت عينة المستخدمين السابقين 157 رجلا و 239 امرأة وكان متوسط العمر 29 سنة للذكور و 43 سنة للإناث وكان متوسط الخلفية الثقافية 15.5 سنة، وتم قياس الخلفية المهنية وتبين أن 42% ليست لديهم خلفية وظيفية (مثل ربات بيوت معاقين، متقاعدين وطلاب) 11.8% من العمال و 39% من الموظفين الحكوميين و8% من الموظفين الخبراء، وتضمنت عينة المستخدمين الجدد 64 ذكرا و 36 امرأة وبلغ متوسط الأعمار 25 سنة للذكور و 28 سنة للإناث وبلغ متوسط سنوات التعليم 14 سنة. وعلى الرغم من أن البحث السابق ذكر أن الذكور يستفيدون ويشعرون بالراحة بصورة كبيرة مع تقنيات المعلومات

اظهر البحث الحالي إن غالبية المستخدمين السابقين للإنترنت هن من النساء في منتصف العمر . وطالما أن هذا كان منطقة مشاريع البحث فمن المحتمل أن تناقش المرأة مسألة أو مشكلة عاطفية أكثر من الرجل ولهذا استجاب عدد أكبر من النساء لهذه الدراسة .

الاحتمال

لقد حقق المستخدمون السابقون فقرة احتمال اكبر بالنسبة إلى عينات البحث التي احتاجت تدريجيا فترات زمنية أطول على الإنترنت لتحقيق التأثير المطلوب . وفي البداية أحس المستخدمون القدامى بالأغراء لاستخدام مثل هذه التقنية المعلوماتية ومع تطور مستواهم التقني ازداد استخدامهم للحاسبات . وقد قدر المستخدمون القدامى أن تجاربهم السابقة مع الإنترنت استغرقت ساعات قصيرة فقط في الأسبوع إلا أنهم طوروا تدريجيا عادة استخدام الإنترنت يوميا اكثر من مّرة استخدموه فيها. وعلى عكس ذلك بين المستخدمون الجدد انهم قضوا فترة قصيرة من وقتهم على الإنترنت (حوالي ساعة أو ساعتين في الأسبوع دون أي زيادة في الاستخدام) ولغرض التأكد من كمية الوقت الذي يقضونه على الإنترنت طلب منهم أن يقدروا بشكل صحيح عدد الساعات الأسبوعية التي يستخدمون فيها الإنترنت في الوقت الحاضر. ومن المهم أن نلاحظ أن التقديرات كانت مبنية على عدد الساعات التي يقضيها المرء لإغراض لا تتعلق بالعمل (مثل البريد الإلكتروني، استعراض الشبكة العالمية ، الدردشة ، والبحث عن المجموعات التي تستخدم الإنترنت، ولعب العاب جماعية عبر الإنترنت) وعدّ هذا الشيء مهما للتفريق بين الإبحار في الإنترنت للبحث عن الأعمال المنتقاة ولقضاء الوقت وبين تصفح الإنترنت للتسلية أو للاهتمام الشخصي، دون وجود أهداف متعلقة بالعمل . وقد قضى المستخدمون السابقون 38.5 و 8.04 = SD ساعة في

الأسبوع مقارنة بالمستخدمين الجدد الـذين قضوا 4.9 $M = 4.70$ $SD=$ سـاعة أسبوعيا
وتظهر هذه الأرقام أن المستخدمين السابقين يقضون حوالي 8 مـرات اكثـر مـن المسـتخدمين الجـدد
أسبوعيا . وهذا يعني أن الاستخدام المفرط صفة مميزة للذين يكونون اكثـر اعتمادا علـى اسـتخدام
الإنترنت .

تطبيقات الإدمـان :

يوضح الجدول الأول التطبيقات التي تبلغ أعلى نسبتها للمستخدمين والمستخدمين الجدد
. وتؤكد هذه الأرقام على وجود اختلافات واضحة بين طلبات الإنترنت المحددة التـي يسـتفيد منهـا
كلا الفريقين . فالمستخدمون الجدد علـى الخصوص يستخدمون هـذه الأوجـه فـي الإنترنـت، والتـي
تسمح لهم بجمع المعلومات والمحافظة على العلاقات الاجتماعية الموجودة سلفا من خلال الاتصـال
الإلكتروني . وعلى أي حال ، فان المستخدمين السـابقين يسـتخدمون هـذه الأوجـه فـي الإنترنـت علـى
الخصوص ليلتقوا وليتحدثوا وليتبادلوا الآراء حول الناس الجدد من خلال الوسائط التفاعليـة عاليـة
التقنية .

الجدول (1)

استخدامات الإنترنت التي يستفيد منها المستخدمون السابقون والمستخدمون الجدد للإنترنت اكثر

ما يمكن ، أنواع مستخدمي الكمبيوتر

غير معتمدين	معتمدين	استعمالات
7%	35%	غرف الدردشة chat Rooms
5%	28%	MuDs
25%	7%	www
10%	15%	Groups
24%	2%	Information Protocols
30%	13%	E-mail

النتائج السلبية :-

لم يُبلغ المستخدمون الجدد عن أي مشكلات أو تأثيرات معالجة طالما انهم كانوا قادرين على السيطرة على الكمية التي استخدموا فيها الإنترنت . إلا أن المستخدمين القدامى ابلغوا عن ظهور مشكلات كبيرة في حياتهم لسبب بسيط هو فقدانهم السيطرة على الوقت الذي حددوه لأنفسهم لاستخدام الإنترنت. وقد تم تصنيف مشاكل المستخدمين القدامى إلى خمسة أنواع أكاديمية . علاقات مالية، وظيفية وجسدية . وقد طلب من المستخدمين القدامى أن يحددوا شدة المشكلات الناتجة والى أي درجة قليل ، متوسط ، شديد ، أو ليس هناك أي تأثير خلال فترة شهر .

71

وعلى الرغم من كل هذه النتائج السلبية لاستخدام الإنترنت المتكرر، إلا أن المستخدمين السابقين لم يرغبوا في تقليل الساعات التي يقضونها على الإنترنت وفي هذه المرحلة بالذات أبدى الأشخاص شعورهم بالاعتماد التام على الإنترنت وانهم غير قادرين على التخلي عنه فهو جزء من حياتهم . وطالما أن تأثيرات مخالفة لم يتقدم بها المستخدمون الجدد فلم يكن هناك حاجة بتحديد وقت معين لهم على الإنترنت لتفادي ظهور نتائج سلبية مستقبلية فعلى سبيل المثال قلل المستخدمون الجدد الذين يدفعونه لخدماتهم على شبكة الإنترنت من وقتهم في استخدام الشبكة لكي يتناسب مع قدراتهم المالية . وفي حالات أخرى قام المستخدمون السابقون بمحاولات فاشلة لتقليل الوقت الذي يقضونه على الشبكة في محاولة لتجنب هذه النتائج السلبية.

فرض وقت على النفس :

لقد تم وضع حدود تقليد بالتلاؤم مع الوقت الذي يقضيه المرء على شبكة الإنترنت . وعلى أي حال . فان المستخدمين السابقين لم يكونوا قادرين على تحديد استخدامهم طبقا للوقت المنصوص عليه . فلما انتهى الوقت ألغى المستخدمون السابقون خدمة الإنترنت الخاصة بهم وتركوا سماعاتهم أو فككوا حاسباتهم كليا ليمنعوا أنفسهم من استخدام الإنترنت. كما أحس المستخدمون بعدم قدرتهم على العيش لفترة طويلة من الزمن بدون الإنترنت وقد تذمروا بأنهم يحسون بأن لديهم هاجسا ليكونوا على شبكة الإنترنت مجددا، وقارنوا حالتهم بحالة التوتر التي يشعر بها المدخنون عندما تمر عليهم فترة بدون تدخين وأوضح المستخدمون السابقون، بان هذا التوتر كان كبيرا لدرجة انهم استرجعوا خدمات الإنترنت الخاصة بهم مرة ثانية، استردوا جهاز مودم جديد

72

أو ركبوا أو ربطوا كمبيوتراتهم مجددا فقط ليحصلوا على نشوة (نوبة) استخدام الإنترنت.

النتائج :

توثق هذه الدراسة أن استخدام الإنترنت هو مرض سريري معترف به إذا ما تمت مقارنته بالجداول التي يستفاد منها تقليديا في حالات الإدمان الأخرى المعروفة . وتذكر هذه النتائج أن الاستخدام المرضي للإنترنت يمكن أن ينتج عنه نتائج علمية واجتماعية ومالية ووظيفية مشابهة للمشكلات التي تواجه حالات الإدمان الأخرى مثل مرض المقامرة ، اضطراب الأكل وإدمان الكحول، وتبين الدراسة أخيرا أن الإنترنت بحد ذاته ليس إدمانيا ولكن استخدامات معينة فيه مثل غرف الدردشة تلعب دورا أساسيا في تطور هذا الاستخدام المرضي للإنترنت. و يختم البحث بان الناس يمكن أن يصبحوا مدمنين للإنترنت وهذا ما يجب أن يهتم به علماء الصحة النفسية بشكل اكبر . أيضا يقول الباحث بأن هناك خطرا متزايدا من تطور مثل هذا الاستخدام الإدماني كلما ازداد عدد الوسائل التفاعلية التي يستفيد منها مستخدم الإنترنت وبناء على القضايا التي أثيرت هنا سيكون من المفيد مراقبة مثل هذه الحالات في إدمان الإنترنت في الجلسات العلاجية . ولان سوق الإنترنت يتوسع باستمرار يجب أن تركز البحوث المستقبلية على السيطرة وتأثير الدور الذي يلعبه هذا النوع من السلوك في حالات الإدمان الأخرى مثل الإدمان على بعض المواد والمقامرة أو الأمراض النفسية كالاكتئاب ومرض ضعف التركيز.

يرى الكاتب

أن هذه الدراسة أكدت على إدمان الإنترنت فقد قام الباحث بوضع عينتين من المستخدمين، مستخدمين جدد ومستخدمين سابقين وكان اغلب

المستخدمين للإنترنت والذي تبين من خلال تحليل المعلومات أن اغلب المستخدمين السابقين هن من نساء في منتصف العمر . وبعد إجراء الاختبار عليهن ووضع برنامج لاستخدام الإنترنت وتحديد عدد ساعات استخدام الإنترنت من قبل المستخدمين الجدد والمستخدمين السابقين تبين أن المستخدمين الجدد يستطيعون التحكم في استخدام الإنترنت لمدة ساعة أو ساعتين كل أسبوع، بينما لا يستطيع المستخدمون السابقون التخلي عن الإنترنت بسبب اعتمادهم عليه وهم يشعرون بالتوتر وعدم الاستقرار مثلما يشعر مدمنو السجائر عندما لا يدخنون سيجارة لمدة طويلة ، فقد قاموا باستخدام الإنترنت لفترات طويلة تجاوزت الساعة أو الساعتين حسب الجدول الموضوع في الدراسة السابقة ، وهم لا يستطيعون السيطرة على استخدامهم للإنترنت وذلك بسبب تعودهم عليه وعدم قدرتهم على السيطرة على استخدامهم للإنترنت فقد أصبح جزءا من حياتهم اليومية فاصبحوا مدمنين عليه، أن استخدام الإنترنت وخاصة غرف الدردشة تعد من أنواع الإدمان المتزايدة على الإنترنت ولها الدور الأساسي في هذا الإدمان ، وأن هذه الدراسة تؤكد على أن المستخدمين السابقين قد أصيبوا باضطرابات نفسية من جراء استخدامهم المفرط للإنترنت ولم يكونوا قادرين على تحديد الوقت المقرر لاستخدام الإنترنت فعلى الأطباء النفسانيين وأخصائيي الصحة النفسية التوجه لإبداء النصائح من جراء الاستخدام المفرط للإنترنت و إعطاء توجيهاتهم الخاصة حول هذا النوع من الإدمان .

ما هو مرض إدمان الإنترنت ؟

أن هذا المرض يصعب تعريفه في هذا الزمن فلقد كان هناك العديد من البحوث الحديثة التي اعتمدت حصرا على الاستطلاعات الاستكشافية التي

فشلت في إقامة علاقة سببية بين سلوكيات معينة وأسبابها فبينما تستطيع الاستطلاعات وصف شعور الناس حول أنفسهم وتصرفاتهم إلا إنها عاجزة عن الاستنتاج حول ما إذا كانت تقنية معينة كالإنترنت قد سببت حقا هذه التصرفات وان هذه الاستنتاجات المذكورة هنا هي نظرية وشخصية من صنع الباحثين أنفسهم. هل يعاني البعض من مشاكل كقضاء الكثير من الوقت على الإنترنت؟ نعم ولكن هناك أناسا يقضون أوقاتا كثيرة أيضا في القراءة ومشاهدة التلفزيون وفي العمل وفي تجاهل العائلة والصداقات والنشاطات الاجتماعية ولكن هل هناك مرض إدمان التلفاز إدمان القراءة وإدمان العمل التي نعدها أمراضا عقلية صريحة مثل انفصام الشخصية لا اعتقد. إنها نزعة بعض الاختصاصيين والباحثين العقليين الذين يريدون أن يسمّوا كل شئ يرونه بأنه يمكن أن يكون خطرا وبوصف مرضي جديد وللأسف فان هذا الإجراء يضر اكثر مما ينفع أن ما نعتقده انه إدمان عند بعض الناس على الإنترنت إنما هو احتمال انهم يعانون من عدم القدرة على التعامل مع مشكلات الحياة اليومية وقد تكون هذه المشكلات اضطرابا عقليا كالكآبة أو القلق أو مشكلة صحية خطيرة أو إعاقة أو مشكلة في علاقاتهم، إن الأمر لا يختلف عن تشغيل التلفزيون وعدم التحدث مع الزوجة أو الذهاب مع الشلة أو تناول بضعة كؤوس وكل ذلك كي لا تقضي الوقت في المنزل إذا لا شئ مختلف ما عدا في الكيفية إن ما يعاني منة قلة قليلة فقط من الناس الذين ليست لديهم مشكلات والذين يستخدمون الإنترنت هو انهم مجبورون على استخدامه لساعات طويلة ولكن السلوكيات الإجبارية فيها أيضا بعض العوارض المرضية وستكون معالجتها مشابهة للحالات السابقة . إنها ليست التكنولوجيا سواء كانت الإنترنت، أو كتابا أو هاتفا أو تلفزيونا والذي يعد سببا

مهما للإدمان انه الطبع أو السلوك والسلوكيات يمكن علاجها بتقنيات السلوك المقنع المعتاد في العلاج النفسي .

الاستنتاجات الموجودة حول الاستخدام المفرط للشبكة هي مربكة أيضا كيف يمكننا أن نقوم باستنتاجات منطقية حول ملايين من الناس الذين يستخدمون شبكة الإنترنت مبينة على دراسة أو دراستين للحالة، ومع هذا فإن قصص وسائل الإعلام وبعض الباحثين الذين يدرسون هذه القضية يستعملون غالبا دراسة القضية لكي يساعدوا في توضيح المشكلة أن كل ما تفعله دراسة القضية هو التأثير على ردود فعلنا العاطفية بالنسبة للقضية، وهي لا تساعدنا على فهم المشكلة الحقيقية والتفسيرات المحتملة الأخرى للمسألة أن دراسات الحالات في هذه القضية غالبا ما تعد إنذارا يساعد على تأخير القضية في ضوء عاطفي وتترك الحقائق العلمية بعيدا عن هذا الإطار انه تكتيك مختلف وشائع .

لماذا يترك الباحث شيئا يجب تحقيقه؟

حسنا لعل الجواب الواضح هو أن الباحثين هم في حقيقة الأمر أطباء سريريون قرروا إجراء الاستطلاع، ومع ذلك فان الخصائص التكهنية لهذه الاستطلاعات لا يتم الكشف عنها ربما لأنها في البداية لم يتم التحري عنها إننا لا نعرف ببساطة. أن الارتباكات الواضحة لا يمكن السيطرة عليها حتى في احسن الاستطلاعات إذ غالبا ما يتم تغييب الأسئلة حول الأمراض العقلية التي عانى منها المريض في السابق أو تاريخ الأمراض العقلية (مثل الكابة والقلق ... الخ) والمشكلات الصحية أو الإعاقات أو مشكلات العلاقات من هذه الاستطلاعات، وبما أن هذا هو واحد من اكثر التوضيحات البديلة لبعض المعلومات التي تم الحصول عليها (على سبيل المثال راجع مقال كبخ (هل

الإنترنت سبب الإدمان أم أن الإنترنت يستخدمه المدمنون) كما هو موضح) فسيكون من المفاجئ أن هذه الأسئلة متروكة فهي تفسد المعلومات كلها وتجعلها بلا قيمة فعلية. أما الأسباب الأخرى فهي ببساطة لا يمكن التحكم بها أن مستخدمي الإنترنت ينقسمون إلى 50/50 من نساء إلى رجال ومع ذلك يميل الناس إلى تقسيم هذه المجموعة بحيث تصبح 70-80 % من الرجال البيض الأمريكيين، ويذكر الباحثون أنّ هذه الأشياء المتعارضة وكلها ستسهم ثانية في انحراف النتائج وأن البحث الذي يدرس ظاهرة معينة يجب عليه أيضا أن يتفق حول قضايا مبدئية جدا بعد فترة من الوقت، ومع مرور الوقت اصبح لدينا كثير من البحوث التي تتناول إدمان الإنترنت إلا إنها لا تتفق على تعريف واحد حول هذه المشكلة، وتتنوع كل هذه البحوث بشكل كبير في نتائجهم المثبتة حول الوقت الذي يقضيه المستخدم على الإنترنت. فإذا لم تستطع البحوث تسجيل هذه المعلومات البسيطة فليس من المدهش أن مصداقية البحث موضع شك.

من أين جاءت هذه الحالة المرضية؟

سؤال جيد صدق أو لا تصدق أن إدمان الذي الإنترنت جاء من مرض المقامرة سلوك فردي لا اجتماعي ويعتقد الباحثون في هذا المجال بأنهم يستطيعون دراسة هذه المعايير وتطبيقها لمئات السلوكيات التي تحدث كل يوم على الإنترنت وهي عبارة عن اتحاد بين البشر ـ المؤيدين للاجتماع والالتقاء والتحدث هو وسيلة لجلب المعلومات، فهل هناك أي رابط بين الاثنين؟ لا أرى ذلك أنا لا اعلم عن أي مرض يتم بحثه الآن بصورة جدية إذ يظهر الباحثون مهملين ببساطة (أوه ، آسف) رابط العارض المرضي لمرض غير مرتبط وأعلنوا اكتشاف مرض جديد وإذا بدأ هذا الوضع غريبا فلأنه كذلك

وهذا ينطبق على المشكلة الأكبر التي يمسك بها هـؤلاء البـاحثون، فمعظـم البـاحثين لـيس لـديهم نظرية يسوقون فيها افتراضاتهم (راجع والتر لمناقشات إضافية حول هذه القضية لسنة 1999) فهـم يشاهدون مريضا يتألم (وفي الواقع لقد حضرت العديد مـن التقـديمات لهـؤلاء الأطبـاء فقـد بـدأوا فقط بمثال) وتستطيع أن تتصور هي. الإنترنت هي سبب الألم أنا ذاهـب لدراسـة مـا الـذي يسـبب هذا على الإنترنت، ليس هناك أي نظرية حسنا هناك نظرية ما بعد اكتشـاف الحالـة وتقـوم بعـض التفسيرات الفرضية ظاهريا التي تظهر ببط بوضع الدجاجة قبل البيضة بكثير.

هل تقضي الكثير من الوقت على الإنترنت؟

فيما يتعلق بمـاذا أو مـن فـان الوقـت وحـده لا يمكـن أن يكـون مـؤشرا عـلى الإدمـان أو الاندماج في سلوك إجباري فيجب أن يؤخذ الوقت في النظر مـع العوامـل الأخـرى (مثـل إذا كنـت طالبا جامعيا يقضي الوقت الكثير على الإنترنت أو فيما إذا كان جزءا من عملك ، فيما إذا كان عندك استعداد (مثل مرض عقلي، إذ إن شخصا يعاني من الاكتئاب من المحتمل أن يقضي وقتا أطـول عـلى الإنترنت من شخص ليس عنده هذا المرض على سبيل المثال في محيط يـدعم البيئـة الاجتماعيـة) أو إذا ما كانت لديك قضايا أو مشكلات في حياتك تجعلك تقضي المزيد من الوقت على الإنترنت، مثـل استخدام الشبكة للهروب من مشكلات الحياة، من زواج فاشل، علاقات اجتماعية فاشلة ، لـذا فـان مجرد الحديث عن الوقت الذي تمضيه على الشبكة دون اعتبار لأي ظروف هو شئ لا قيمة له.

ما الذي يجعل الإنترنت مرغوبا هكذا ؟

حسنا لقد أوضحت سابقا، أن البحث هو في هذا الوقت استكشافي لـذا سـتكون افتراضاتي
حول إدمان الإنترنت تدخل في باب التخمين. لقد قال بعض الباحثين عـلى الإنترنت تخميناتـه والآن
جاء دوري . طالما أن مجالات الإنترنت حيث يقضي الناس الكثير مـن الوقت عـلى الإنترنت تـرتبط
بالتفاعلات الاجتماعية فمن الواضح أن السلوك الاجتماعي هـو الـذي يجـذب النـاس إلى الإنترنت ،
هذا صحيح الدافع الواضح والبسيط لتعلق الفرد بالآخرين هو المدخل إلى الإنترنت، سواء كـان عـن
طريق البريد الإلكتروني أو صيغة مناقشة أو دردشـة أو اشـتراك في لعبـة عـبر الإنترنت (مثل لعبـة
MUD) (طين) فان الناس يقضون الوقت في تبادل المعلومات الدعم والحديث مع النـاس الآخرين
أمثالهم . فهل سنصف قضاء أي وقت في الواقع مع الأصدقاء إدمانا، بـالطبع لا، وحـديث المراهقين
على الهاتف إلى ما لانهاية ومع الناس الذين يرونهم كل يوم هل نسمي هذا إدمان هاتف بالطبع لا
، وهناك ناس يستغرقون وقتـا كثـيرا في قـراءة كتـاب ويتجـاهلون أصدقـاءهم وعـائلتهم وغالبـا مـا
يهملون الهواتف التي تطلبهم فهل نطلق على هذا إدمـان كتـب بـالطبع لا. فـإذا مـا حـاول بعـض
الأطباء والباحثين تعريف الإدمان بوصفه تفاعلات اجتماعية إذن لأصبحت كـل علاقـة اجتماعيـة في
الحياة علاقة إدمان، وفي مقدمـة هـذه النشاطات الإدمانيـة (حسـب تعريـف البـاحثين للإدمان)
سيكون الكلام فهل يعني هذا أن الحقيقة التي تقول أننا حين نتحدث بمساعدة التكنولوجيا (عـلى
سبيل المثال، الهاتف) نغير جوهر عملية التكلم الأساسية ربما، لدرجة ما ولكن ليست بأهمية .فعلى
سبيل المثال من الممكن لمسـتخدم أن يجـد نشـاطا جديدا مثل غرفة دردشـة مثيرة للاهتمام، أو
مجموعة أخبار أو

79

موقع على الشبكة، والذي يمكن أن يرجعه إلى المثال الذي استخدمته فهناك فارق واحد مهم في مثالي هو طالما أن كل نشاطات الشبكة مرحلية لدرجة معينة ففي النهاية سيصل كل الناس إلى المرحلة الثالثة كل على طريقته مثل المراهق الذي سيتعلم أخيرا أن لا يقضي الليل كله بالاتصال بالهاتف، كما أن معظم الكبار سيتعلمون بسرعة كيف يدخلون الإنترنت بمسؤولية إلى حياتهم أما بالنسبة للآخرين فان هذا الأمر يحتاج وقتا أطول.

ماذا افعل إذا اكتشفت إني مدمن إنترنت؟

أولا : لا تفزع، ثانيا : ليس لمجرد أن هناك نقاشات حول صحة هذه الصفة المرضية بين المختصين، فان هذا لا يعني انه ليس هناك مساعدة وفي الواقع وكما ذكرت سابقا فان المساعدة موجودة مسبقا لهذه المشكلة دون الحاجة إلى خلق كل هذه الضوضاء حول المرض الجديد. إذا كانت لديك مشكلة في حياتك أو تعاني من اضطراب مثل الكآبة عالجها، وطالما انك اعترفت وحاولت حل المشكلة فسترجع حياتك إلى طبيعتها لقد درس العلماء النفسيون السلوك الإلزامي ويعالجونه منذ سنوات، وأي أخصائي صحة نفسية جديد وجيد التدريب سيساعدك على تقليل الوقت الذي تقضيه على الشبكة ويساعدك على حل المشكلات أو المشاغل في حياتك والتي ربما ساهمت في استخدامك المفرط للإنترنت. وليس هناك حاجة للأخصائي أو لمجموعة دعم عبر الإنترنت.

مصادر أخرى عبر الإنترنت

لقد تحدثت مع زملائي حول المشكلات التي تواجه تعريف مرض الإدمان على الإنترنت، وهذا ليس بالجديد حتى يكون هناك بحث أقوى وحاسم في هذا المجال يجب أن لا تخجل من أي شخص يحاول إن يعالج هذه المسألة

طالما إنها مشكلة موجودة عند مفهوم بعض المختصين عن الاحتلال الوظيفي اكثر من الواقع.

واليك بعض المصادر الإضافية التي يجب أن تراجعها فيما يتعلق بهذه المسألة. (1) محرر الصفحة النفسية على الشبكة يفحص هذا المحرر فائدة ومصداقية وصحة مرض (إدمان الإنترنت) بوصفه مرضا وطريقة علاجه.

(2) الكشف عن مصادر الصحة النفسية للشركة مقالة لليونارد هولمز، (3) لماذا يأخذ هذا الشيء حياتي مني؟ إدمان الفضاء الإلكتروني هذا المقال وشخص آخر مثله كتبهما باحث الإنترنت جون سولير.

الذي يجعلنا نعتبره مرضا وكما يقول جرينفيلد فان تفحص البريد الإلكتروني ليس كسحب قبضة آلة القمار . فإحداهما سلوك اجتماعي والأخرى تبحث عن الربح فهما شيئان مختلفان تماما كما سيخبرك أي عالم سلوك. ومن السيئ أن الباحثين لا يمكن أن يميزوا الفرق لأنها تظهر نقصا كبيرا في الفهم أساس النظرية السلوكية.

الفرضيات الأخرى:

هناك أيضا فرضية أخرى بالإضافة إلى الفرضيات التي تمت دراستها سابقا وهي فرضية لم يقم أي بحث حتى الآن بأخذها على محمل الجد وهي أن السلوكيات التي ندرسها هي وقتية أو طورية. ومعنى هذا أن معظم مدمني الإنترنت هم على الأكثر مستخدمون جدد فهم يمرون بالمرحلة الأولى وهي التأقلم مع محيطهم الجديد بانغماسهم التام فيه وبما أن هذه البيئة هي اكبر بكثير من أي شئ شاهدناه سابقا ، فان بعض الناس سيعلقون في مرحلة التأقلم (أو مرحلة الانبهار) لفترة أقوى من الوقت من الاعتياد على التعود على التقنيات والمنتجات والخدمات الجديدة. وقد قام والتر (1999) بملاحظة

مشابهة بناء على بحث روبرنس، سميث وبولاك (1996) ووجدت دراسة روبرت وجماعته أن الحديث على الإنترنت كان وقتيا . ففي البداية سحر الناس بهذه الفعالية (والتي يصفها البعض بأنها هوس) ويتبعها إزالة غموض التحدث وقلة الاستخدام وثم التوصل إلى التوازن أي تحقيق فعالية المحادثة المتزنة، وأنا أظن أن هذا النوع من النماذج يمكن أن ينطبق على مستخدمي الإنترنت بشكل عام. هناك بعض الناس الذين يلتصقون بالمرحلة الأولى وأنا واحد منهم وقد يحتاجون بعض المساعدة للوصول إلى المرحلة الثالثة. ويسمح هذا المثال بان يطبق على مستخدمي الإنترنت المفرطين طالما أن تعريف الاستخدام المفرط هو اكتشاف نشاط جديد، إلا أني أستطيع أن أناقش بان المستخدم لديه وقت متاح اكثر للإبحار خلال هذه المراحل بحثا عن نشاطات جديدة يجدونها على الشبكة افضل من القادمين الجدد.

الإدمان على معلومات الإنترنت .

وهو الشراهة في البحث عن المعلومات والسعي وراء إيجادها.. والاستمرار في تفقد الإنترنت للحصول على معلومات لا تستخدمها بعد ذلك أو حتى تسعى لقراءتها .

في تعليق لوكالة رويتر Reuters عن هذا الموضوع صرحت الوكالة أن المعلومات قد تصبح هي مخدرات (التسعينات) فقد أسمت هؤلاء ضحايا هذا النوع الجديد من المخدرات باسم "مدمن البيانات " أو dataholics تشبيها للاسم المعروف لمدمن الخمر" Alcoholics ".

فالبشر حول العالم اصبحوا مدمنين للمعلومات لأنهم يتعاملون دائما مع "معلومات" ما. وفي إحصائية ما على 1000 شخص من الولايات المتحدة وإنجلترا وألمانية وسنغافورة وهونج كونج، أوضحت الإحصائيات أن حوالي

50% من عينة البحث قد أجابوا بأنهم شخصيا مدمنو معلومات أو يعلمون بان أحد أقاربهم على الأقل مدمنا للمعلومات . 75% منهم أوضح أن الكمبيوتر والإنترنت والمعلومات الألمترونية ستصبح " إدمانا " للكثيرين في القرن القادم.. الآباء في 55% من عينة البحث أجابوا بان أولادهم قد اصبحوا "باحثين عن المعلومات " كهواية مفضلة لهم نتيجة للوسائل التي أصبحت متاحة بسهولة وبأسلوب ممتع وشيق.

ويرى الكاتب

أن حالة الإدمان على المعلومات الموجودة في عصرنا الحاضر أي إدمان معلومات الإنترنت قد أصبحت متزايدة بسبب كثرة استخدامهم له وكثرة الأشخاص الذين يستخدمونه بشراهة ودون استفادة، إذ إن هؤلاء الذين يدعون مدمنو المعلومات يقومون بالبحث عن المعلومات وبعد أن يجد المعلومة يقوم بتركها ويبحث عن الثانية، وهكذا يقضي وقته دون استفادة ودون أي نفع شخصي أو اجتماعي أو ثقافي فان هذا المدمن مثيله مثيل مدمن المخدرات أو مدمن الخمر بعد أن يحصل على الجرعة الكافية من المادة المخدرة يشعر بالانتعاش والارتياح النفسي والاستقرار في شخصيته، فان جرعة مدمن المعلومات هي حصوله على أي معلومة موجودة في أي موقع على الإنترنت وبعد حصوله عليها يشعر بالارتياح والانتعاش كما يشعر مدمن الخمر ومدمن المخدرات ومما جعل هذه الحالة من الإدمان في متناول الباحثين لمعالجة هذه الحالة التي قد تصبح من المشكلات التي تواجه القرن الحادي والعشرين .

وكما أشرنا أن مدمن المعلومات حالة خطيرة تواجه القرن الواحد والعشرين وعصر العولمة الذي يقوم بنشر المعلومات، فان هذه الحالة من الإدمان قد تكون في بعض الأحيان حالة مرغوبا فيها وبعيدة عن حالات

الإدمان الأخرى إذا كان مستخدم الإنترنت يقوم باستخدام الإنترنـت في جمـع المعلومـات والبحوث لكي يقوم ببحث خاص به، أو لقيامه في التعرف على احدث البحوث العلمية واحـدث مـا توصل إليه العلم الحديث في مجالات العلوم الطبيعيـة والإنسـانية، فهـذا النـوع مـن الإدمـان مـما يجعل صاحب هذا النوع من الإدمـان ربمـا نوعـا مرغوبـا بـه افضـل مـن الـذي يـدمن عـلى جمـع المعلومات وبعد الحصول عليها يقوم بحذفها .

مركز خدمات الإدمان على الإنترنت

الدكتورة ماريا هيشت اورزاك

على مدى خمسة عشر عاما عالجت الدكتورة اورزاك الطبيبة النفسية السريرية المجازة في السلوكيات الإدمانية في مستشفى (ماك لين) إذ أسست مركز خدمات إدمان الحاسبات وهـي عضـو في هيئة التدريس في كلية هارفرد الطبية، وهي أيضا عضو في برنامج العلاج الإدراكي وتقوم بجلسات علاج خاصة في مركز نيوتون في ماساشوسس أيضا درست استخدام المخـدرات الاسـتجمامي وتعتقـد بان الاستخدام السيئ للحاسبة شئ مشابه. وتعتقد إننا بهذا السلوك نرى فقط قمة الجبل الجليدي فمجتمعنا يصبح اكثر فاكثر معتمدا على الحاسبة ليس للحصول على المعلومات فقط ولكن للتسـلية والمرح، وهذا الاتجاه مشكلة مستترة تؤثر عـلى كـل الأعـمار فتبـدأ بالعـاب الحاسـوب للأطفـال إلى الدردشة بالنسبة للكبار غير الواعين والحساسين.

هل تبدو أي من هذه القصص مألوفة لديك ؟

في المنزل

تواجه الأم صعوبة في جعل طفلها يحل واجباته إذا ما كانت العاب الكومبيوتر تشغل وقته كله بعد المدرسة .

يجد الزوج زوجته مهملة بشكل كبير في أداء واجبات العائلة ، فهي سريعة الغضب في اجتماعات العائلة وقد ارتفعت قائمة الهاتف بشكل كبير إلى حد يشبه رقم الخدمة على الإنترنت.

يتصل شخص بالإنترنت في التاسعة مساء ويكتشف فجأة ان الوقت هو فجر اليوم التالي، ولم يتحرك من مقعده أمام الكومبيوتر.

في المدرسة

تتدنى درجات الطالب ويلاحظ المدرس أن الطالب أو الطالبة يغفو في المدرسة.

يحصل طالب الجامعة الجديد على إنذار في منتصف الفصل الدراسي لأنه لا يقوم بواجب الفصل الدراسي. وبدلا من ذلك يقضي كل مساء على الإنترنت يتصل بعائلته وزملاء مدرسته الثانوية السابقين، ونادرا ما يشترك في نشاطات اجتماعية في الحرم.

في العمل

يبدأ الموظف في النوم وراء المكتب ويرتفع عدد الإجازات المرضية وتزداد أسئلة المدير حول مدى فعالية موظفه أو موظفته .

يبقى رئيس القسم المشترك إلى وقت متأخر كل ليلة لكي يكتب تقارير آخر لحظة . وتظهر مراقبة استخدامه المنزلي للحاسبة انه غالبا ما يزور مواقع غير جيدة كالقمار أو المواقع الإباحية .

يمكن أن يستقيل مشرف أحد الأقسام فجأة من عمله وهناك الكثير من العمل غير المنجز، وتسأل الشركة عائلته للعودة إلى العمل ويكتشفون أنها في البيت منحنية فوق الحاسبة ولا تحس شيئا مما يجري حولها . وكل هذه عوارض على حالة تسمى إدمان الحاسبة وإدمان الإنترنت أو الإدمان الإليكتروني. أنها ظاهرة مشابهة لداء المقامرة أو التسوق الإجباري ومثل كل أنواع الإدمان تؤثر على الناس الآخرين كالعائلة والأصدقاء وشركاء العمل . وتشتكي الزوجات من إهمال أزواجهن ويفترق الحبيبان عندما يجد أحد الشريكين شخصا آخر على الإنترنت ويترك البيت . ومثل المقامرين يبقون يستثمرون المال والوقت و يتخيلون أن ارتباطهم التالي سيحل كل مشاكلهم .

أعراض إدمان الكومبيوتر . محددة بدقة

◆ الأعراض النفسية

- يخامرهم شعور بأنهم في احسن حال وشعور بالنشاط أثناء جلوسهم إلى الحاسبة.

- عدم قدرتهم على التوقف عن الفعالية .

- تخصيص وقت اكثر للحاسبة .

- تجاهل العائلة والأصدقاء .

- الشعور بالكآبة ، بالفراغ وسرعة الهيجان عند عدم الجلوس إلى الحاسبة.

- الكذب على العائلة والموظفين حول النشاطات .

- مشاكل في العمل أو الدراسة .

◆ الأعراض الجسدية :

أعراض نفق كاربال، جفاف العينين، الشقيقة، الآلام الظهر، عدم الانتظام في الأكل كعدم أكل إحدى الوجبات الثلاث، إهمال الصحة، اضطرابات في النوم أو تغيير نوعية النوم.

لقد تم تعريف إدمان الحاسبة من قبل العديد من الاختصاصيين ووسائل الإعلام وغالبا ما يستمع أطباء العائلة إلى مثل هذا المرض، وتزداد الشكاوى المرتبطة باستخدام الحاسبة كما تظهر الأخبار . وفي العديد من الكليات والجامعات يبلغ الاستشاريون والعمداء تقارير عن زيادات في الاستخدامات السيئة والكثيرة والتي تتماشى مع خرق القانون ، وسقوط الطلاب والفشل العلمي، ويرى المحامون أن الاستخدام الإجباري للحاسبة لا يمكن أن يكون سببا رئيسيا في حالات الطلاق .

ومثل كل أنواع الإدمان الأخرى يمكن معالجة مثل هذا الإدمان، وتعتقد الدكتورة اورزاك أن واحدا من أهم الوسائل الفعالة للتعامل مع هذه المشكلات هو طريقة العلاج الفهمي والتي تعلم المريض أن يتعرف على المشكلة ولكي يحل المشكلة وليتعلم مهارات توائمية لمنع الانتكاسة . وغالبا ما يدعم المعالجة تناول الأدوية بالإضافة إلى دعم الدكتورة اورزاك لمجموعات الدعم للأشخاص المصابين الآخرين .

وفي مقال منشور في الرياض باسم ناصر المسعد

لا أبالغ إذا قلت إن أكثر مستخدمي الإنترنت عندنا وخصوصا الشباب هم في خانة الإدمان ويعانون من أعراضه الشديدة ولست أخي القارئ في حاجة إلى أدلة فيكفيك العيون الحمراء في الصباح.. يكفيك السهر المضني.. والتعلق النفسي- والارتباط العاطفي وفاتورة الهاتف الإنترنتية المتورمة!!.

لا يكاد أحدهم وبالذات فئة الشباب أن يترك الشاشة حتى يعاود ليعانق أنظارها ويسبح في سمائها!.

إذا أردتم أدلة على ظاهرة الإدمان عند شبابنا اسألوهم عن عدد الساعات التي يقضونها متسمرين أمام شاشات الكمبيوتر!.

اسألوهم عن «ولكموووو» و«يسلموووو» و«برب» و«تيت» وغيرها اسألوهم عن مستواهم الدراسي وتحصيلهم العلمي بعد غرف التشات! اسألوهم عن علاقاتهم الاجتماعية قبل وبعد استخدام الإنترنت! اسألوا أصحاب محلات الإنترنت عن المواقع التي يرتادونها!.

إن الإنترنت سلاح ذو حدين وفي ظني أن استخدامه عندنا لا يزال يصب في صحراء الضياع والأوهام الوردية التي تنتهي بضياع الوقت وخسارة المال دون طائل!.

الإدمان الانترنتي كما يحلو لي أن اسميه هو ما نراه ونحاول أن نخدع أنفسنا وان ندفن رؤوسنا بالرمال.

انه إدمان يحتاج منا إلى تشخيص وعلاج دون مكابرة أو معاندة لست متشائما أو سوداوي النظرة لكنها الحقيقة المرة التي صنعناها بأيدينا! صنعناها حينما أضفينا على عالم الإنترنت ألوانا من الخيالات والبهرجة الصاخبة.

ومازلنا نصنعها بمقالاتنا ونحن نمجد الإنترنت ونجعله مقام الهواء والماء. نصنع الإدمان عندما نضع القارئ أمام هذا البحر الخضم دونما دليل يأخذ بيده. فهل من المعقول أن يتعلم الشاب شيئا واحدا هو كيف يستخدم (الشات) فقط؟.

يتعلم الشاب كيف يفتح الجهاز ثم يضغط «انتر» ثم يدخل إلى الشات مباشرة ولا يكاد يفقه ذرة واحدة من علوم الحاسب بل لا يكاد يعرف ابسط

قواعد التعامل مع هذا الجهاز السحري العجيب، يعرف كيف يدخل إلى «الدردشة» فحسب!.

هل هذا هو عالم الإنترنت الرحيب؟!.

أما الوجه الآخر للحاسب والإنترنت فلا يكاد يفقه المستخدم منه أدنى معلومة.

علوم الحاسب التي تكاد تدخل في لأغراض كافة ا يجهلها اغلب الشباب تراهم يفنون أوقاتهم في الغرف الخاصة ليلا حينما ينام الرقيب! أو نهارا يختلسون الأوقات في غياب المسؤول!.

أين سيؤدي بنا هذا الإدمان وأين سيرمي بثقافة أبنائنا وشبابنا!. أين التثقيف وعملية البحث العلمي الرصين والقراءة الجادة ومئات الساعات تذبح على أعتاب الشات!.

أين كتب الأدب والتاريخ والقصص والثقافة العامة وهي تـئن في الأدراج حبيسة لا تكاد تلقى يدا تحملها أو عينا تسامرها!.

أن تلقي المعارف من المواقع الإنترنتية له ألف محذور ومحـذور لا تكـاد تغيـب عـن عـين الحصيف العاقل!.

وان نقطة من معرفة يتلقاها من فضاءات انترنتيـة ويعتورهـا مـا يعتورهـا مـن الضعف العلمي لا تجعل من الإنترنت وسيلة تثقيف جادة.

إن مسايرة التطور ومجاراة التمدن لا تعني أن نهز رؤوسنا في إيماءات الموافقة دونما تفكير أو تأمل.

وخير أن أقول بملء فمي: (لا للإدمان الانترنتي) من أن أسير كالإمعـة لـكي يقـال انه مـن مستخدمي الإنترنت الذين يتقنونه وهو أجهل من حمار أبيه في علم الحاسب والإنترنت.

وأنها لدعوة إلى أرباب القلم أن يضيئوا سماءات الإنترنت بالمقالات الواعية التي ترينا إيجابيات هذا العالم وسلبياته.. ان يضعوا النقاط على الحروف دون مجاملة أو زيف. فلكل شيء محاسنه و مساوئه أما أن نرى إدمانا يهلك الشباب فهذا هو الخطر القادم!.

هل فعلا ممكن ان يصاب الانسان بالادمان على الانترنت؟

الإدمان على الإنترنت ظاهرة تلفت نظر التربويين والأخصائيين النفسيين بوصفها اضطرابات لها آثارها الاجتماعية والمهنية والعائلية، وأخرى مادية سلبية ويصبح الإنسان مدمنا على الإنترنت متى بدأ بتجاهل الأنشطة والمناسبات الاجتماعية ومسؤوليات العمل والدراسة والرياضة أو شكوى المقربين منه من قضائه الوقت الطويل أمام الإنترنت وإذا بدأ يفكر بالجلسة المقبلة للإنترنت وأصبح من المستحيل تقليل وقت متابعة الإنترنت أو تحديد وقت، ومن ثم مضى اكثر منه مع التفحص المستمر للبريد الإلكتروني مع بروز أعراض إنسحابية عندما يكون الشخص بعيدا عن جهاز الإنترنت ويصل معها لمرحلة ترك الواجبات والأعمال المهمة وتفضيل الحديث مع الناس على الإنترنت بدلا من المواجهة وجها لوجه.

وهناك أيضا مؤشرات أخرى إذا كان الشخص ينام اقل من خمس ساعات في الليلة الواحدة واستخدام الإنترنت يوميا دون انقطاع وفقدان قيمة الوقت عن العمل على الجهاز، وانحسار أوقات الخروج من المنزل مع إنكار قضاء وقت طويل في الإنترنت مع التفكير المستمر به واللجوء إلى السرية في استخدامه عندما لا يكون أحد بالمنزل والشعور بالراحة إزاء ذلك .

إدمان الإنترنت مرض يهدد مستخدمي الشبكة :

لقد أصبح من السهل هذه الأيام مع تزايد الإقبال على استخدام الإنترنت أن تجد أناسا يقضون وقتا طويلا في البحث على شبكة الإنترنت ويتندرون على أنفسهم بالقول إنهم (مدمنون). وبصرف النظر عن التندر والسخرية، فان إدمان الإنترنت بات أمرا واقعا لا مجال لتجاهله من قبل العلماء والباحثين، فكمبرلي يونج المدرسة لمادة علم النفس في جامعة بيتسبيرج تعكف على دراسة إدمان الإنترنت منذ العام ،1994 وتقدر يونج أن هناك حوالي خمسة إلى ستة في المائة من الـ 70 مليون أمريكي الذين يستخدمون الإنترنت كل يوم يمكن تصنيفهم كمدمنين. وتقول يونج أن قائمة المعرضين لخطر الإدمان أكثر من غيرهم تضم رجالا ونساء يعانون من الاكتئاب أو القلق أو عدم الثقة بالنفس، أو يعانون من عوارض الشفاء من إدمان سابق، لكن أي شخص يترك المسؤوليات الملقاة على عاتقه ويهملها أثناء إبحاره في الشبكة معرض لإدمان الإنترنت. وتضيف ونج قائلة: (يعتقد كثير من الناس أن الإنترنت لا تشتمل على أية أخطار، لكنها في الواقع ليست كذلك، وبصورة ما، فإنها إدمان مقبول اجتماعيا، وهو أمر يتندر الناس حوله طوال الوقت، مع أن هناك أناسا دمروا حياتهم بسبب إدمان الإنترنت. ويعترف بوب براون الذي كان مدمنا للشبكة، ويقوم حاليا بمساعدة المدمنين على الإنترنت في التغلب على إدمانهم قائلا: أن الطريقة المثلى لمعرفة مدى إدمانك للشبكة تتمثل عندما يقوم شريك حياتك بإرسال رسالة بالبريد الإلكتروني يطالبك فيها بالطلاق. وكما هو الحال مع أنواع الإدمان الأخرى، فان مدمن الإنترنت لا يدمر حياته فحسب، وإنما يمتد تأثير إدمانه ليشمل جميع المحيطين به، أن إدمان الإنترنت أصبح مرضا ينظر إليه الأطباء

النفسيون وأطباء الأمراض العقلية باعتباره علة خطيرة. وكانت يونج من جامعة بتسبيرج قد قامت قبل عدة سنوات بأول دراسة موثقة عن إدمان الإنترنت شملت حوالي 500 مستخدم للشبكة وتركزت حول سلوكهم أثناء إبحارهم في الشبكة. وقد أجاب المشاركون في الدراسة بنعم على السؤال الذي وجه لهم والذي يقول: هل تعاني من أعراض الانقطاع كالاكتئاب والقلق والمزاجية عندما تتوقف عن استخدام الإنترنت؟ لقد جاءت نتائج الدراسة مثيرة للدهشة فالمشاركون بالدراسة قضوا على الأقل 38 ساعة أسبوعيا على الشبكة مقارنة بحوالي خمس ساعات فقط أسبوعيا لغير المدمنين، وعلاوة على ذلك فان ما يمكن وصفهم بمدمني الإنترنت، لم يبحروا في الشبكة من أجل الحصول على معلومات تكون مفيدة لهم في أعمالهم أو دراساتهم، وإنما من أجل الاتصال مع الآخرين والدردشة معهم عبر الإنترنت. وعلى صعيد مماثل، أظهرت دراسة أجرتها عالمة النفس في جامعة تيكساس (كاثي شيرر) على 500 طالب جامعي إن مدمني الإنترنت قضوا ضعف الوقت الذي يقضيه المستخدمون العاديين في ممارسة الألعاب وتبادل الآراء مع الغرباء في مواقع الدردشة على الإنترنت. والمشكلة هنا هي أن معظم مستخدمي الإنترنت لا يعرفون حدود أو ظواهر هذا الإدمان وبالتالي فانهم يكونون معرضين لخطر الإدمان دون أن يشعروا بذلك، ولهذا السبب، بدأت بعض الجهات المختصة بمساعدة مستخدمي الشبكة على معرفة ما إذا كانوا في خطر الوقوع في براثن الإدمان على الإنترنت. وقد بدأت بعض الجامعات في الولايات المتحدة الأمريكية بتعريف الطلبة بطبيعة إدمان الإنترنت من خلال عقد ندوات البحث وتقديم المشورة على اعتبار أن إدمان الإنترنت لا يختلف عن غيره من أنواع الإدمان الأخرى. أما (عائشة أجايي) مدرسة تكنولوجيا المعلومات في معهد روتشستر للتكنولوجيا في نيويورك فترى مشكلة إدمان الإنترنت من زاوية

أخرى وهي أنه ظاهرة عرضية لأزمة اجتماعية عميقة تتمثل في ميل الإنسان منذ عقود إلى قضاء وقت أطول مع التقنية من الإنسان، حيث شهدت بداية هذا القرن تطورا تكنولوجيا دفع بالإنسان إلى الابتعاد عن العائلة كعامل اجتماعي والتشبث بالراديو في البداية، ثم التلفزيون، والآن الإنترنت مما أدى إلى عزلهم عن بعضهم البعض. ونظرا لان إدمان الإنترنت يعد ظاهرة حديثة نسبيا، فان هناك القليل من الجهات التي تقدم المساعدة وربما يكون من أهمها مواقع الإنترنت نفسها، حيث عمد بعض المختصين إلى فتح مواقع على الشبكة لمساعدة المدمنين في التخلص من إدمانهم بالطريقة المناسبة.

ويرى الكاتب

أن التقنية الحديثة والسرعة في الاتصالات مكنت الإنسان من الاتصال بأيّ مكان في العالم بسرعة رهيبة ودقة عالية مما أدى الإنسان إلى التعود على هذا لنمط من الاتصال وهذا الكم الهائل من المعلومات، وعصر العولمة الذي جعل المعلومات في أيدي الباحث والمجتمع والعالم، وسهولة حصول الأشخاص على المعلومات بسهولة مما أدى إلى أن يتوصل الإنسان إلى حالة من انه محاط بكمية من المعلومات وحريته في جلب أو استدعاء هذه المعلومات عن طريق شبكة الإنترنت التي تحتوي على كمية هائلة من المعلومات التجارية والعلمية والجنسية مما تجلب انتباه كل شخص عالم، أو أي شخص من المجتمع لما فيها من برامج تسلية ومن برامج علمية، فالذي يشعر انه منتقد من قبل المجتمع يقوم بالاتصال بأي شخص على الإنترنت ويقوم بتغير اسمه أو شخصيته أو يقوم بإعطاء اسم غير اسمه الحقيقي أو يدخل إلى المواقع الإباحية لكي يقوم بإشباع غرائزه الجنسية، فان الشاذ جنسيا يقوم بالاتصال بأحد المواقع الإباحية ودخولها لكي يقوم بالتعرف على المواقع

الجنسية التي تشعره بالارتياح النفسي ويتولد له شخصية مستقلة غير الشخصية الحقيقية التي هرب بها من المجتمع ليتصل بها بأشخاص غير معروفين عبر الإنترنت، يقوم بعض هؤلاء المستخدمين في جمع المعلومات بكمية كبيرة اكثر من المعتاد علية مما يؤدي بالتالي إلى الإدمان على المعلومات وبعد ذلك يؤدي بهم إلى حالة من الإدمان، أي يقومون بجمع المعلومات حيث يلجأ الشخص أو المستخدم إلى استعمال الإنترنت في جمع المعلومات والبيانات بعد ذلك يؤدي به الحال إلى التعود على جمع هذه المعلومات، بعد ذلك تصل بهم الحال إلى التعود على جمع هذه المعلومات وتركها أي مجرد إشباع حاجة داخلية نفسية أو رغبة في جمع هذه البيانات أو المعلومات وبعد أن يصل الشخص المدمن إلى حالة الإشباع، إن الجلوس أمام شاشة الكمبيوتر المتصل بشبكة الإنترنت لفترات طويلة بعيدا عن أفراد عائلته بعيدا عن أعمال أسرته متنكرا بشخصية إليكترونية يتستر بها في هذه الحالة هي حالة الإدمان المفرط على جمع البيانات أي (مدمنو المعلومات).

الفصل الخامس

الإدمان على غرف الدردشة

والعلاقات الجنسية

ADDICTION ON CHAT ROOMS AND

SEXTUAL RELATIONSHIP

الفصل الخامس

الإدمان على غرف الدردشة والعلاقات الجنسية

ADDICTION ON CHAT ROOMS AND

SEXTUAL RELATIONSHIP

تشغل الدردشة عبر الإنترنت ، مساحة كبيرة من حزمة البيانات التي يتم تبادلها بين مستخدمي هذه الشبكة العالمية، بل أن كثيراً من المستخدمين لا يرون في الإنترنت، إلا وسيلة للوصول إلى الآخرين عن طريق وسائل الاتصال العديدة التي توفرها كالبريد الإلكتروني، والمنتديات، وبرامج التراسل الفوري، ومواقع الدردشة! وعلى الرغم من أن الدردشة، بوصفها وسيلة للاتصال، لا تشكل سوى جزءٍ يسيرٍ من الإمكانيات التي يمكن إن توفرها إنترنت، إلا أنها تعد الدافع الرئيس وراء اتصال اكثر من 25 في المائة من المستخدمين بهذه الشبكة .

إذا كنت من هواة هذا النوع من الصلات مع الآخرين، سيهمك، على الأغلب الاطلاع على الحقائق التالية :

لماذا ندردش ؟!

أهم مميزات الدردشة عبر الإنترنت، أنها نوع من الاتصال بين الناس، يقتصر على تبادل النصوص بين المتحاورين ، وهو لذلك نوع من حوار الأفكار البحت ، بعيدا عن أي مؤثرات أخرى كالعرق، أو الجنسية، أو الشكل، أو الصوت، ويرى كثير من المحللين أن الدردشة عبر الإنترنت، كما أن الإنترنت ذاتها، ستغير من طرق اتصال الناس مع بعض، في دول العالم

97

المختلفة، بحيث تسمح بالتبادل الفكري ، الذي سيؤدي حتما ، إلى تطور الفكر البشري عموما، بسرعة لم تشهدها البشرية من قبل !

مواقع الدردشة ... وثائق تسجيل ضدك !

هل تعلم أن جميع المحادثات التي تتم في مواقع الدردشة، تسجل ضمن ملفات الحركة (log files)؟!

يعني هذا أن كل كلمة كتبتها خلال استخدامك أحد أنظمة الدردشة قد تم تسجيله .

تنتشر العديد من أنظمة الدردشة في أرجاء الإنترنت ، لكن يعد نظام (بدالة أنترنت للدردشة) IRC (Internet Relay Chat) اشهر هذه الأنظمة وأكثرها انتشارا بين هواة الدردشة . وقد ابتكر الفنلندي جاركو اويكارتنن هذا النظام، عام 1988 ، لكنه لم يشهد انطلاقته الكبرى إلا في العام 1991 خلال حرب الخليج الثانية، حيث كان وسيلة سهلة ومجانية للتواصل بين أفراد العائلات في مختلف أرجاء العالم . ويعتمد نظام IRC ، على ربط مزودات IRC المتخصصة ، ويشارك في أحد النقاشات التي تجري ضمن قنوات الدردشة .

مخاطر IRC

تعد الفكرة من وراء ربط نظام IRC مفيدة جدا .. ولكن بعد ظهور برامج زبائن IRC المتطورة ، استغل النظام من قبل القراصنة في أنحاء العالم ، لتبادل البرامج المقرصنة، بسرعة هائلة . فلا يكاد تظهر برامج مقرصنة في بلد معين ، إلا وتتوفر نسخة منها ، خلال ساعات قليلة ، في بقية أنحاء العام . واستفاد الهاكر (الاختراق) كذلك ، من هذا النظام في تبادل

البيانات المتعلقة بالاختراق، وفك التشفير بسرعة كبيرة، ولجأت بعض منظمات (الهاكر(إلى عقد المؤتمرات الافتراضية عبر هذا النظام .

أهم ما يميز هذا IRC، هو إمكانية إنشاء نصوص برامجية، وتنفيذها عبر قنوات الدردشة، ما يسمح بحصول المستخدمين على قدر كبير من التحكم . لكنه يعني كذلك، انه يمكن للمخترقين الاستفادة من هذه الميزة ، في إنشاء نصوص برامجية ضارة، وهذا ما يحدث فعلا!

وتتراوح المشكلات التي يتعرض لها رواد مواقع الدردشة ، من مستوى الإزعاج البسيط ، وحتى إمكانية تعرض أنظمتهم للاختراق .

ويكمن الخطر الرئيس لاشتراكك في الدردشة، انك تسلط الضوء على نفسك ، إذ يعلم كل من في غرفة الدردشة (أو القناة)، انك متصل بإنترنت في تلك اللحظة . ويمكن لأي شخص منهم وقتها، أن يحصل على عنوان IP الخاص بجهازك بسهولة كبيرة ، إذ يكفي أن يدخل التعليمة التالية في قناة الدردشة مرفق معه اللقب الذي تستخدمه للتعريف عن نفسك ليحصل على عنون IP لجهازك ، كما يلي : /dns < اللقب المستخدم >

وعندما يحصل شخص على عنوان IPالخاص بك ، يعلم انك متصل بجهازك في تلك اللحظة ، تكون احتمالات تسلله إلى الجهاز كبيرة ، وبطرق متعددة . وقد يلجأ بعض الأشخاص إلى محاولة إقناعك بقبول ملفات منهم ، على أنها ملفات مفيدة ، ولكنها في الأغلب ، برامج لفتح باب خلفي في جهازك، يمكنهم التسلل عبره. وتشكل الطريقة السابقة خطرا حقيقيا ، في حالة اتصالك بإنترنت عبر خط مؤجر، أو وصلة DSL، إذ تملك في هذه الحالة، عنوان IP ثابتا دائما، ما يعني لذلك الشخص أن جهازك اصبح من الممكن اختراقه، كلما اتصلت بإنترنت. أما المتصلون عبر طلب الاتصال الهاتفي (dial-up)، عن طريق مزود خدمة إنترنت (ISP)، فهم معرضون للخطر

، إلى أن ينفصل الاتصـال بإنترنت، إذ تمنح عناوين إنترنت في هـذه الحالـة ، بشـكل ديناميكي ، أي أن هذه العناوين تتغير ، كلما أعاد المستخدم الاتصال بالإنترنت .

ويرى الكاتب

أن لغرف الدردشة امتيازات معينة حيث أنها تنفي اسم الشخص الحقيقي المتصل بالغرف وتنفي جنسيته الحقيقية وكذلك تنفي شخصيته الحقيقية و ثقافته وتنفي ملامحه الجسمية، أن كل متصل بهذه الغرف يستطيع أن يستخدم اسماً غير اسمه الحقيقي و يستخدم شخصية غير شخصيته الحقيقية، إذ إن هـذه الغرف تستخدم للمناقشـات الاجتماعية والموضوعات العامـة وتكوين العلاقات الاجتماعية مع أشخاص متصلين بالغرفة ، يتجه بعض الأشخاص إلى هذه الغرفة لتبادل المعلومات . أن اكثر مستخدمي غرف الدردشة يتجهون إلى المواضيع الجنسية التي جعلت هذه الخاصية العامة لهذه الغرف . حيث اكثر المستخدمين من الرجال يتجهون إلى المواضيع الجنسية في هذه الغرف، والنساء يتجهون إلى المواضيع الرومانسية، حيث يتجه اغلب الأشخاص من الرجال والنساء الذين لديهم الضعف الجنسي أو لديهم عاهات بدنية تمنعهم من ممارسة الجنس الحقيقي مع الآخرين أو لديهم ضعف فكري أو مصابين باضطرابات نفسية أو شخصية أو لـديهم مرض نفسي أو جسمي فيتجهون إلى هذه الغرف لإشباع حاجاتهم النفسية والجسـدية التي تنفي معالمهم الشخصية والنفسية والجسدية والسلوكية، مما يجعلهم يتعودون على هذه الغرف وبالتالي يصابون بالإدمان الجنسي.

ما هو الإدمان الجنسي :

إن مركز إدمان الإنترنت هو مشروع موجود على الشبكة مخصص لدراسة إدمان الإنترنت والمواضيع المتعلقة بالحاسبة، وهو مخصص أيضا كمصدر للأشخاص المصابين بالسلوكيات التملكية والإجبارية فيما يتعلق بفعالياتهم عبر الإنترنت. إن المركز من بنات أفكار أستاذ هو الدكتور (كمبرلي يونج) أستاذ مساعد في جامعة بتسبرغ وقد أضاف الدكتور يونغ وشركاؤه ووفروا المعلومات وسلطوا الضوء على قضية الإدمان الجنسي وعدّوه نوعا فرعيا من إدمان الإنترنت. وتؤكد التقارير إن واحداً من كل خمسة مدمنين على الإنترنت يشتركون بطريقة أو بأخرى في نشاط جنسيـ أثناء قضائهم الوقت على الإنترنت . ولا تتضمن النشاطات الجنسية كما توضح المقالة في المعنى العام الاتصال الجنسي عبر الإنترنت ولكن أيضا المناطق الإباحية عبر الإنترنت . وتظهر الدراسة الأرقام الحقيقية والتي تقول أن 15% من كل مستخدمي الإنترنت يدخلون إلى اكثر من عشرة مواقع مشهورة بالجنس في شهر نيسان من عام 1998 فقط . إنما هذه الأرقام هي تخمينات فقط وهي مؤشر للطلب الكبير على الجنس على الإنترنت، وتظهر الدراسة أيضاً الأشخاص المتشككين بوجود الإدمان عبر الإنترنت . فعلى سبيل المثال هناك الأشخاص الذين يعانون من قلة تقديرهم لذاتهم، جسمهم مشوه، أو يعانون من مرض جنسي لم تتم معالجته أو إدمان جنسيـ سابق هم الأشخاص الذين يتعرضون لمخاطر الإدمان على الإنترنت . وبشكل مشابه يشعر الأشخاص الذين يحسون بأنهم غير مجهزين جسديا (مثل الأشخاص الذين يشعرون بان المجتمع يتحداهم) حيث أن الاتصال الجنسيـ عبر الإنترنت يعطيهم حرية التعبير عن رغباتهم بطرق جديدة، وغير مألوفة ومجانية ويمكن

أن يعطيهم الجنس عبر الإنترنت إحساساً بالسيطرة . فإذا ما اختار أي شخص لسبب ما أن لا يكمل التفاعل الإباحي فسيبقى له دائما خيار ترك غرفة الدردشة أو إقفال الحاسبة ويستخدم مركز إدمان الإنترنت ما يعرف بنظامِACE للإدمان الجنسي عبر الإنترنت . ويفسر هذا الأسباب التي وراء الإدمان الجنسي عبر الإنترنت إلى ثلاثة أسباب رئيسية :

السرية والراحة والهروب

وهناك وصف قصير لكل سبب وتوفير الأمثلة والمعلومات. وعلى الرغم من أن هذه المقالة لا تتوسع في النظريات في العمق كما يحب ذلك بعض الأشخاص. فهي تقدم ما يمكن اعتباره أدماناً متزايدا كمرض القمار في النصف الغربي ومن الواضح بان إدمان الإنترنت سوف يزداد مع ازدياد الوقت الذي يمضيه العامة على الإنترنت، ومن المحتمل أن في بعض البحوث الأولية حول هذه الظاهرة كذلك البحث الذي قام به الدكتور يونغ بان المصادر ستكون متوفرة بصورة افضل لمساعدة الذين تعملون على تحرير أنفسهم من هذا المرض .

لماذا الإدمان على المواقع الجنسية على الإنترنت :

إن الإكراه الجنسي عبر الإنترنت ليس فقط نتيجة منحرفين يشتركون في الإنترنت بل شهد مجال الصحة النفسية و بسرعة شديدة اشتراك أشخاص ليس لديهم أمراض نفسية سابقة أو تاريخ إجرامي في مثل هذا السلوك . إن نظام ACE للإدمان الجنسي الإليكتروني يستخدم لتوضيح كيف أن الإنترنت يخلق مجالا ثقافيا من التسامح و الذي يؤدي بصراحة إلى تشجيع اعتماد السلوك الجنسي المحترف . و يفحص نظام ألـ ACEاللقاءات التفاعلية بين مجهولين و التي تزيد احتمالية السلوك و ملائمة الإباحة الجنسية عبر

الإنترنت و غرفة الدردشة التي تدور حول مواضيع جنسية و التي تتوفر بسهولة للمستخدمين، وأخيرا الهرب من القلق الذهني المتأتي من التجربة و التي تساعد على تقوية السلوك الذي يؤدي إلى الأحياء. إن سرية التعاملات الإليكترونية تعطي المستخدم شعورا أعمق بالسيطرة على محتوى و نغمة و طبيعة التجربة الجنسية على الإنترنت و على عكس التجربة الجنسية في الحياة الحقيقية تستطيع المرأة أن تغير شريكها إذا لم يكن محبا جيدا أو يستطيع الرجل أن يعرف بعد هزة الجماع بدون ذكر كلمة الوداع ماذا سيحدث إذا تساءل رجل بصورة سرية عن شعوره إذا مارس اللواط مع رجل آخر؟ و ماذا إذا أرادت المرأة دوما استخدام العبودية. ومع وجود أجواء آمنة في الحاسبة يمكن حذف الرسائل التقليدية الاعتيادية سامحة للمستخدم أن يمارس خيالات جنسية سرية أو مكبوتة في مختبر سري دون أن يقلق من إمكانية القبض عليه. و توفر المواقع الجنسية على الإنترنت وسيلة شخصية وآمنة ومجهولة لممارسة العبودية، الجنس الجماعي، التبول، اللواط، أو تبادل الرسائل. و لهذا يتشجع مستخدمو الإنترنت على تجربة الجنس على الإنترنت وممارسة خيالاتهم البالغة والتي يغذيها قبول حضارة الإنترنت بذلك. وهذا يقود إلى المتغير الثاني قبول الإباحية الجنسية ومواقع تحدث الكبار توفر فرصة سهلة جدا وبوسيلة مباشرة لكي يصبح الأشخاص أسرى التصرف الإجباري على الإنترنت وتقدر الأرقام بان حوالي 9.6 مليون مستخدم أو حوالي 15% من مستخدمي الإنترنت يدخلون إلى اكثر عشرة مواقع جنسية مشهورة لشهر نيسان للعام 1998 فقط. تقول الأرقام بان هناك حوالي 70000 موقع إلكتروني مرتبط بالجنس مع 200 موقع مخصص للكبار المتضمنة الصور الإباحية وغرف الدردشة التفاعلية تضاف يوميا شوارتز 1998 وتوفر كثرة غرف الدردشة إلكترونية والتي تدور حول الإنترنت آلية

تشجع الاستكشاف الأولي للشخص للإنترنت فيمكن لربة البيت الفضولية أن تدخل بصورة سرية إلى غرفة السيطرة أو غرفة الخضوع، غرفة العبادة أو غرفة الجنس الثنائية فقط لكي تشعر من الحديث الإباحي و في نفس الوقت لتثيرها وتقدم سهولة وجود هذه المواقع تعزيز التجربة الجنسية بين الأشخاص الذين لا يقومون بهذا الأمر في حياتهم الاعتيادية. إن أكثر الأشخاص المعرضين بكثرة لهذه التجربة هم الأشخاص الذين ليس لهم ثقة بذاتهم أو احتقار لجسمهم أو مرض جنسي ـ لم يتم معالجته أو إدمان جنسي سابق. وقد يضن العديد من الناس أن المشجع الرئيسي ـ للعمل الجنسي عبر الإنترنت هو البهجة الجنسية التي يحصل عليها المرء من التجربة، وقد أظهرت الدراسة بان الإثارة الجنسية يمكن أن تكون السبب للانخراط بالجنس عبر الإنترنت وعلى أي حال وبمرور الوقت فقد تصبح التجربة مهربا عاطفيا عقليا أو حالة واقعية مشوهة إذا ما رافق ذلك تناول نوع من المخدرات القوية. فعلى سبيل المثال تشعر امرأة وحيدة بالحاجة إليها من قبل شركائها العديدين في الحاسبة أو يتحول رجل قلق إلى رجل مثير تحلم كل النساء على الإنترنت، به ولا توفر التجربة إشباعاً جنسيا فقط ولكن هروبا عقليا شخصيا يتحقق من خلال وهم عبر الإنترنت يمكن أن يكتسب فيه الشخص شخصية جديدة وهوية جديدة. وقد اعتمدت المحاكم سلفا دور الإجبارية الإلكترونية كمرض عقلي في الدفاع عن حالات الانحراف الجنسي عبر الإنترنت، فعلى سبيل المثال كانت إحدى القضايا المهمة هي القضية التي رفعتها الولايات المتحدة ضد ماكبروم والتي عرضت بوضوح إن عرض الشخص للصور الإباحية ومشاهدتها والتنقل في المواقع الإباحية كان اقل منه إلى الحديث الإباحي واكثر من إليه هروب عاطفي لتخفيف توتره .

الإدمان الجنسي

إن للجنس تأثيرا مهما على الطريق التي ينظر بها الرجال والنساء إلى الاتصال الجنسي عـن طريق الإنترنت وتفضـل النساء الجنس الإلكتروني لأنه يخفي مظهرهم الخارجي ويرفع العـار الاجتماعي الذي يقول إن المرأة يجب أن لا تتمتع بممارسة الجنس ويهيئ لهن وسيلة أمينـة للتركيـز عل قابليتهن الجنسية بطرائق جديدة وغير محدودة. ويفضل الرجال الجنس الإلكتروني لأنه يزيل قلق العملية الجنسية والتي يمكن أن تكون مشاكل خفية تتعلق بالإطلاق المبكر للحيوانات المنوية، وتخفي أيضا مظهرهم الخارجي فيما يتعلق بالرجال الذين يخشون من الصلع أو حجم جهازهم أو زيادة الوزن .

هل أنت مدمن على الجنس الإلكتروني (هذه الأسئلة مختارة مـن مركز الإدمان المبـاشر)

اجب بـ (نعم) أو بـ (لا) على الأسئلة التالية .

1. هل تقضي وقتا طويلا دائما في غرف الدردشة وإرسال رسـائل خاصـة لغـرض إيجـاد شريكك الجنسي فقط ؟

2. هل تشعر بأنه لا يشغل بالك إلا استخدام الإنترنت لكي تجد شركاء جنسيين عبر الإنترنت؟

3. هل تحرص على عدم استخدام اسمك لتشترك في خيالات جنسية لا يمكن تحقيقها عمليا في الحياة الواقعية ؟

4. هل تعجل في جلستك المباشرة القادمة إذا ما توقعت انك ستحس بإثارة جنسية أو الرضـا الجنسي ؟

5. هل تشعر بأنك تنتقل من الجنس الإلكتروني إلى المخابرات الجنسية   (أو حتى المواقـف الفعلية) ؟

105

6. هل تخفي اتصالاتك الفعلية عبر الإنترنت عن الأشخاص المهمين حولك؟

7. هل تحس بالخزي من ممارستك هذه؟

8. هل استفزك الجنس الإلكتروني عند دخولك إليه عن طريق الصدفة والآن أصبحت تبحث عنه أثناء تصفحك الإنترنت ؟

9. هل تذكر عادتك السرية أثناء انشغالك بحديث جنسي ؟

10. هل تقضي وقتا حميما مع شريك حياتك أم تفضل الجنس الإلكتروني بوصفه نوعاً أساسياً من الرضا الجنسي ؟

مفتاح الاختبار :

إذا أجبت على معظم الأسئلة بـ (نعم) فمن الممكن انك أصبحت مدمنا على هـذا الشيء ومع توفر مواقع الشبكة التي يصممها الكبار وغرف الدردشة هنـاك العديد مـن النـاس الـذين أدركوا إن فضولهم المبدئي تحول إلى إدمان .

فهم الإدمان الجنسي :

إن الإنترنت يقوم بتغير كبير لثقافتنا و لعالمنا كما حدث أثناء اختراع الهـاتف قبـل قـرن . فبالإضافة إلى أنه مصدر معلومات يقدم الإنترنت ثورة في طرح موضوع الجنس و المواضيع التـي تدور حوله إذ إن الاتصال الجنسي عن طريق الإنترنت و الذي هو عبارة عـن أي صيغة مـن صيغ التعبير عن الجنس من خلال الحاسبة أو الإنترنت يعد الآن صناعة رائجة و في الوقت الحاضر فان ما يزيد عن 60 % من كل الزيارات أو الدخول إلى الإنترنت تكـون ذات غـرض جنسيـ. و في هـذه الأيام لا يتضمن الاتصال الجنسي عبر الإنترنت المشاهدة أو إدخال الصور الإباحية المصاحبة للعادة السرية فحسب

بل أيضا قراءة رسائل و قصص جنسية صريحة وكتابتها والمراسلة عن طريق البريد الإليكتروني للتهيئة للقاءات شخصية مع شخص ما و كتابة العناوين للقاء الشركاء الجنسيين وزيارة غرف الدردشة التي تستخدم جنسيا و الدخول في علاقات عاطفية تفاعلية مباشرة تتضمن مشاهدة للعملية الجنسية للطرفين باستخدام كاميرات إليكترونية مرتبطة بالحاسب، والعديد من الناس يسمحون لأنفسهم أن يشتركوا في نشاطات جنسية مباشرة (S،M الاتصال الجنسي عبر الإنترنت مع المراهقين أو الأطفال الذين يصورون أنفسهم على غير حقيقتهم و هو الأمر الذي لا يفعلونه في الحياة الحقيقية.

و من الفروع الأخرى التي تدخل في هذا المجال هي الجنس عن طريق الاتصال بالهاتف مع أشخاص يستخدمون الإنترنت و مثل هذه العلاقات يمكن أن تتطور إلى علاقات حقيقية. وبالنسبة لمستخدمي هذه الطريقة يوفر الإنترنت مواقع ساحرة جديدة للتعبير عن الجنس إلا أن بعض المستخدمين يبلغون 8-10 % يدخلون دون قصد منهم و يتورطون في هذه المواقع و يعانون من مشاكل حياتية خاصة إذا ما علمنا أن الناس الذين قاموا بالدخول إلى هذه المواقع المحرمة قد خسروا وظائفهم. و يمكن تقسيم النتائج السلبية بصورة عامة الأشخاص الذين تورطوا بالدخول إلى هذه المواقع إلى نوعين: نتائج سلبية تتعلق بالساعات الطويلة التي يقضيها المستخدم على الإنترنت و النتائج السلبية مرتبطة بالواقع الجنسي لنشاطات المستخدم.

و بالنسبة للمجموعة الأولى تكون النتائج كالتالي :-

1. تصبح حياة المستخدم ضائعة و موحشة إذ يقضي المستخدم ساعات عديدة لوحده مع الحاسبة في نشاطات جنسية خيالية يقابله انهيار الصداقات والعلاقات الاجتماعية في العالم الحقيقي .

2. إذا كان المستخدم متزوجا أو على علاقة يحس الشريك بالوحدة و بأنه مهمل و شخص غير مهم أو يحس بالغضب لان المستخدم يفضل قضاء وقت كثير على الشبكة اكثر من الشريك أو العائلة .

3. يصبح الأطفال مهملين أو يتم تجاهلهم بسبب انشغال الوالدين باستخدام الحاسبات و هذه هي النتائج المرتبطة بصورة خاصة بسبب التوجه الجنسي لمستخدم الحاسبة .

4. أن المستخدم يعرض نفسه لخطر الإصابة بمرض الإيدز أو الأمراض الأخرى التي تنتقل جنسيا إذا ما تحولت المواقف الجنسية المباشرة على الشبكة إلى واقع ملموس .

5. إذا ما ادخل المستخدم الصور الإباحية أو مارس الجنس عن طريق الحاسوب الخاص بدائرته فهو يخاطر بفقدان عمله .

6. يتعرض المستخدمون للجنس عبر الإنترنت الذين يستغلون القاصرين لخطر السجن .

7. يكذب المستخدمون باستمرار حول نشاطاتهم الجنسية مما يجعل شركاءهم متشككين و يحسون بعدم الأمان. ويصف شركاء عديدون التأثير العاطفي المدمر للعلاقات الجنسية عبر الإنترنت بأنه يشبه الخيانة، إذا لم يكن اكثر إيلاما من العلاقات الحقيقية. وهذا صحيح تماما عندما يكون المستخدم للجنس عبر الإنترنت على علاقة عاطفية. فقد يتضرر احترامهم لذاتهم وتبرز مشاعر قوية من الأذية الخيانة، النسيان، التدمير، الوحدة، الخزي، العزلة، الإذلال والغيرة. و قد عدّ الجنس عبر الإنترنت مخربا بصورة خاصة إذ انه:

أ. يحدث في البيت مباشرة.

ب. يستنزف الكثير من الوقت.

وتتعرض علاقة الأزواج للخطر ليس لأن المستخدم يبقى ساهراً معظم الليل فقط بل لأن الزوجة (وغالبا المستخدم) تقارن جسمها و قابليتها الجنسية مع الشخص أو المرأة التي يتصل معها زوجها و يحس بأنه أو بأنها لا تستطيع أن تجاري زوجها و تفقد هي أو المستخدم الرغبة في إقامة الجنس مع شريكهم. إذ أن العديد من الأزواج لا يقيمون علاقة جنسية لأشهر أو لسنين.

يمكن أن تؤدي الاتصالات الجنسية عبر الإنترنت إلى اتصال جسدي مع أشخاص آخرين، ويمكن أن ينتقم المستخدم أو يعزي نفسه بإقامة علاقات غرامية خارج الزواج .

يمكن أن يتعرض الأطفال إلى الصور الإباحية و تتنامى لديهم مواقف غير صحية تجاه الجنس والنساء . و لحسن الحظ ، فان المساعدة متوفرة فيمكن لمستخدمي الجنس عن طريق الإنترنت والذين لم يفقدوا السيطرة على اشتراكهم في الإنترنت أن يستفيدوا من النتائج و التي ستساعدهم في وضع حدود لاستخدامهم الحاسبات و يعيدون التوازن إلى حياتهم.

اختبار سوء استعمال الإدمان الجنسي

ph .D .,David .N. Greenfield

مركز دراسات الإنترنت

1. قد تجد نفسك تقضي ساعات طويلة من الوقت في غرف الدردشة. خصوصا في الغرف التي تكون طبيعتها جنسية أو رومانسية أو تكون مخصصة للأغراض الجنسية .

2. أنت تميل لتجد نفسك رزيناً تجاه شخص معين أو اكثر فردية أو بمعنى آخر (فردي) مع الـذين لك علاقة بهم أو احتكاك .

3. أنت تجد نفسك أكثر ضعفاً عندما تكون بمعزل أو وحيداً أمام الأشكال الصورية عندما تقضي- اكثر الوقت على خط الإنترنت .

4. لك مجالات متعددة لإيجاد أو امتلاك خط فارغ أو احتكاك حقيقي مع الأفراد على خط الإنترنت إما بواسطة الهاتف أو اللقاءات الشخصية وكل تلك اللقاءات أو المحادثات الهاتفيـة تتضمـن محادثات جنسية أو احتكاك جنسي بدني حقيقي .

5. أنت تجد نفسك تخبئ المعلومات عن زوجك أو زوجتك أو الأصدقاء أو العائلـة وتحـترم وقت وفعاليات الإنترنت بمعنى آخر تجد نفسك تخبئ طبيعة النطاق أو المجال الـذي تسـتخدمه . سريتك قد تجلب لك الشعور بالعار أو الذنب .

6. أنت تأتي بشكل غير مقصود على مواقع التحفيـز الجنسي- على الإنترنـت لكـن الآن، أنـت تجد نفسك تبحث بفعالية خارج الوقت بجهاز الكمبيوتر على الإنترنت .

7. أنت تجد نفسك تفكر بالتحادث حول استعمال الإنترنت للأغراض الجنسية أو الصـداقات ضـمن مجتمعك أو احتياجاتك شخصية .

8. أنت تجد جهل الهوية والصداقة الحميمة وفقدان الوقت، بينما تملك خط تفاعل جنسي- لتكون أكثر تحفيزا واقتناعاً اكثر مـن الوقت الجنسي- الحقيقي أو الرومانسي- أو علاقات الصداقة الحميمة .

9. أنت تجد صعوبة التوقف عندما تكون على الخط وتشعر بالجبر أو الإكراه عـلى فعـل ذلك، أو ربما تتعهد أو توعد بان لا تدخل على خط الإنترنت الخاص بالأمور الجنسية لكنك تجد نفسـك تفعل ذلك بأي طريقة .

10. تشعر من خلال التجربة بالذنب أو العار حيال استخدامك للإنترنت.

11. أنت تنهمك بوهم أو خيال الاستمناء باليد أو فعالية الاستمناء عندما تكون على الخط وفي نفس الوقت تقوم باستبعاد عملية الجنس مع زوجك.

12. أنت تجد أشياء فردية هامة في حياتك متضمنة أو مخصصة لزوجك وأصدقائك أو عائلتك قد تأتي محلها من خلال الوقت أو مع نشاطك المخصص للإنترنت، كمثال على هذا زوجك، زوجتك، أطفالك أو بعض الأشخاص في حياتك يتذمرون حيال غيابك الراجع إلى الوقت الكثير المفرط الذي تقضيه على الخط .

__مفتاح الاختبار :__

______ (نعم =1) (لا = صفر)

إذا حصلت عل نقاط من (3-5) = تحذير

إذا حصلت على نقاط (6 أو اكثر) = مشكلة سوء استعمال الإنترنت .

هذه الأسئلة ليست مثالية في تشخيص الإدمان - يجب أن يكون هذا واضحاً - البعض ممن يجيبون بنعم على أي من هذه الأسئلة يمكن أن نقول أن لديهم خصالاً مشتركة مع مدمني المواد الإباحية... إن أمل مؤلف هذه الأسئلة أن هؤلاء الذين يجيبون بنعم لأي من هذه الأسئلة سوف يأخذون بعين الاعتبار بحذر تأثير أفكاره الجنسية والسلوكيات على حياته اليوم. وعلى هؤلاء الذين لديهم قلق حول أفكار جنسية، وسلوك جنسي يجب أن يعلموا أن بإمكانهم الحصول على المساعدة و الدعم .

أجب بنعم أو لا على هذه الأسئلة:

- هل تشعر أن أفكارك الجنسية أو سلوكك الجنسي يتسبب لك بمشاكل في حياتك ؟

- هل تسببت الأفكار الجنسية بالتدخل في مقدرتك في العمل أو المدرسة ؟

- هل أنت قلق من أن أفكارك أو سلوكك الجنسي أقوى منك ؟
- هل تفكر أحياناً أنك الشخص الوحيد الذي لديه أفكار جنسية معينة أو يمارس سلوكاً جنسياً معيناً ؟
- هل تفشل في مقابلة التزاماتك أو تفشل في القيام بمسئولياتك بسبب المواد الإباحية ؟
- هل تكافح و تبذل جهداً لكي تقاوم المواد الإباحية ؟
- هل تشاهد المواد الإباحية من أجل الهروب أو الإنكار أو تخدير مشاعرك؟
- هل تفكر في الجنس أكثر مما تريد ؟
- هل تدفع أموالاً أكثر من إمكانياتك على المواد الإباحية ؟
- هل يبدو أن هناك شخصاً آخر أو قوة تدفعك للبحث عن المواد الإباحية ؟
- هل لديك نموذجان من الإخلاص واحدة لنفسك و واحدة لشريكك في الحياة؟
- هل تشعر بالفراغ أو الخجل بعد أنت تتفرج أو تمارس الاستمناء مع البورنوجرافي؟
- هل سبق أن أقسمت أنك لن تشاهد أبدا البورنوجرافي ؟
- هل تستعمل المواد الإباحية (البورنوجرافي) لكي تتعامل مع أو تنكر أو تتجنب المشاكل في حياتك ؟
- هل تخاطر بقوانين بلدك من اجل الحصول على المواد الإباحية ؟
- هل أنت قلق من المشاركة أو تخشى الرحلات خارج المدينة بسبب ما تعتقد ما يمكن أن تفعله جنسيا حينما تكون بعيدا ؟
- إذا كنت مسئولا عن أطفال، هل تضع في أولوياتك الاستمناء أو أن تكون جنسياً أكثر من اهتمامك بصحة الأطفال الذين هم بعنايتك ؟
- هل تتدخل أفكارك الجنسية أو سلوكك مع حياتك الروحانية و الدينية ؟
- وهل تجعلك تشعر أنك لا تستحق أن تكون لك حياتك الروحانية و الدينية ؟

- هل فقدت عملك بسبب المواد الإباحية أو خاطرت بها ؟

- هل تقوم بنسخ مواد مطبوعة مثل الجرائد و المجلات أو تقوم بتغيير قنوات التلفزيون فقط من أجل مشاهدة ما بإمكانه أن يثيرك جنسياً ؟

- هل تشاهد بانتظام أو تغرق في خيالات متعلقة بتعذيب النفس، أو أي أنواع أخرى من التعذيب أو الاغتصاب ؟

- هل تبحث في أدراج الناس وقمامتهم و ممتلكاتهم لكي تجد مواداً إباحية ؟

- هل تفضل الاستمناء اكثر من الممارسة الجنسية الطبيعية إن كنت متزوجاً؟

- هل تعمل بالبحث في أماكن لا تعرفها و تزورها على أمل أن تجد مواد إباحية ؟

- هل تنظر إلى المواد الإباحية أو تمارس الاستمناء وأنت تقود السيارة ؟

-هل سبق وأن دمرت مجموعة صور جنسية مثلا و أقسمت ألا تعود لها ثم اشتريت مجموعة جديدة ؟

- هل خسرت علاقتك مع أحد في حياتك بسبب عدم مقدرتك في التحكم في النظر إلى المواد الإباحية ؟

ويرى الكاتب

إن هذه الأسئلة تظهر إذا كان عندك تعود على المواقع الإباحية أي بمعنى آخر انه ظهر أنها أعراض لمرض هو الإدمان على هذه المواقع، وهذا النوع من الإدمان لا يعرف أحد غيرك فأنت فقط تعرف انك مدمن على المواقع الإباحية أم لا ، فهو ليس كالأنواع الأخرى من الإدمان يستطيع المجتمع اكتشافها فيك مثل إدمان المخدرات وإدمان الخمر فتظهر عليه ملامح وعلامات تميز الشخص المدمن على هذه الأنواع، ويقوم الأشخاص المدمنين على المواقع الإباحية بالبحث عن الأشخاص الذين مثلهم ليتناقشوا ويتحاوروا

عن المواضيع والمواقع الإباحية ، أن الأشخاص المدمنين على المواقع الإباحية يتضايقون إذا عرف أحد من أفراد العائلة ذلك مما يؤدي إلى جرح مشاعر العائلة أو أصدقائك وربما أبنائك ، أن كل هؤلاء كانوا يعتقدون انك إنسان رائع ملتزم وصالح وقدوة لهم ولكن عندما يكتشفون انك مدمن على مواقع إباحية وتقوم بعرض المواقع الجنسية تخيب آمالهم ، أن بعض الأشخاص يستطيع أن يتحكم في نفسه وإندفاعاته ومشاعره وغرائزه، ويستطيع أن لا يقترب أو لا يتصل بالمواقع الإباحية على الإنترنت فعلى المدمن على هذا النوع من الإدمان أن يحاول التخلص من هذا الإدمان الذي سبب له عدم الاستقرار النفسي وان يتجه إلى العلاج لكي يتخلص منه ويشعر بالراحة وعدم التوتر ولكن هذا يتطلب إرادة قوية، حيث يتطلب منه الابتعاد عن هذه المواقع، ليس لأنك مدمن على هذا النوع انك تستسلم بل تحاول أن تقاومه وتتخلص منه ويتطلب منك مجهودا لكن بالنهاية انك سوف تتخلص منه وانك لن تتخلص منه إلا إذا كانت لديك الرغبة في التخلص منه وحاول ولن تفشل إن شاء الله فان الله سبحانه وتعالى سوف يساعدك فان الله غفور رحيم، وقد يتطلب منك أن تتحدى كل العوائق والصعوبات التي تواجهك وان لا تفقد الأمل مهما كان الأمر ، إذ يجب أن تسيطر عليها انه يمكنك التحكم بها، يمكنك أن تمتطيه كما تمتطي الحصان...، تبدأ بالتخلص من كل المواقع الإباحية والجنسية وتقوم بالصلاة وتقوم بذكر الله والصبر لكي تتخلص من هذا النوع من الإدمان يتطلب منك أن لا تمل مهما تصادفك العوائق، هناك فئة من المدمنين من تحكمت بهم المواقع الجنسية فيقوم بالاتصال بها دائما ويشعرون بالراحة النفسية عند الاتصال بهذه المواقع وتتحكم بهم المواقع الجنسية لفترات طويلة، ربما سنين طويلة أو اكثر وهذا النوع يتاح لبرامج كثيرا للمقاومة والتخلص من هذا الإدمان ، الكثير من الأشخاص المدمنين

على المواقع الجنسية هم متزوجون أو عزاب، وكم شخص متـزوج يعنـي مـن هـذا النـوع ويعاني ويكتم معاناته، أن ضمير الشخص المدمن على هذه النوع من الإدمان يؤنبـه بعـد الاتصـال بالمواقع هذه ويشعر بالذنب الكبير من جراء فعله هذا فعليه التوجه للعلاج من الإدمان والـتخلص من حالته التي ينتقده العالم والمجتمع عليها وتسبب له الابتعاد عن ذكر اللـه، وتسبب لـه كـذلك الخسارة المادية والنفسية والجسدية، فعليه التوجه ليتخلص منها وقطع الاتصال بـأي موقـع مـن هذه المواقع، فتأكد أن اللـه سيقف إلى جانبك للتخلص من هذا النوع من الإدمان فقط حاول فان النجاة سوف تتحقق بإرادتك وصمودك أمام الصعوبات فالإدمان على هذا النوع لان تتخلص منـه بيوم وليله لأنك لن تدمن في يوم وليلة فان التعود والإدمان لا يحصل مـن المـرة الأولى، فاصبر علـى التخلص منه ولا تكن قليل الصبر أو فاقد الأمل من الشفاء مـن هـذا المرض الـذي يواجه المجتمـع اليوم وعلى الإنترنت فقط كن قويا وشجاعا في التخلص منه، ولا تستسلم لحيل الشيطان التـي يمارسها مع بني البشر للابتعاد عن ذكر اللـه والوقوع في الخطأ كنتيجة لحيلة والوقوع بالإثم الكبير الذي حذرنا اللـه تعـالى منـه، والبـدء في رسـم خطـة واضـحة واتباعهـا للعـلاج وتتحكم بأفكـارك والسيطرة عليها ويتطلب منك الجهـد الكبير، فعليك البـدء في العـلاج والـتخلص مـن كـل المواقـع الإباحية في بيتك، حدد كم ممكن أن تدفع من النقود من جراء المواقع الإباحية التي تتصل بهـا، ادعُ اللـه تعالى لمساعدتك في التخلص من هذا الإدمان، لا تشعر بالانهزام ولا تشعر بخيبة الأمل ، متـى ما تحسنت وسيطرت على غريزتك ستجد نفسك تنقاد بعيدا عـن الخطر، ولا تقـترب مـن المواقـع الإباحية أو الجنسية على الإنترنت، وابتعد عن الأمور التي حرمها اللـه تعـالى والاقتراب مـن فعـل الخير في المجتمع وتستطيع أنت

شخصياً البدء في محاربة ونقد المواقع الإباحية والجنسية وستشعر بالسعادة وستكون اكثر ثقة بنفسك .

لهذه المواقع في الحقيقة مضار على الشباب اليوم في غالبية الأحيان وذلك لشعور الشباب بالفراغ القاتل فيقومون بالاتصال بالمواقع الإباحية التي فيه الأفكار الجنسية المسمومة وتوجه الشاب إلى طريق الحرام الذي حرمه الله فان الذي يقوم بالاتصال بالمواقع الإباحية يقوم بفعل العادة السرية التي حرمها الله تعالى ويجنب الله تعالى المؤمنين من الاقتراب من هذه العادة وكما قال الله تعالى : ﴿ وَٱلَّذِينَ هُمْ لِفُرُوجِهِمْ حَٰفِظُونَ إِلَّا عَلَىٰٓ أَزْوَٰجِهِمْ أَوْ مَا مَلَكَتْ أَيْمَٰنُهُمْ فَإِنَّهُمْ غَيْرُ مَلُومِينَ فَمَنِ ٱبْتَغَىٰ وَرَآءَ ذَٰلِكَ فَأُو۟لَٰٓئِكَ هُمُ ٱلْعَادُونَ ﴾ [سورة المؤمنين 5-7] .

والتي تسبب مضار صحية وجسدية ونفسية ومن هذه المضار التي تسببها.

إنها تسبب الضعف البدني.

تسبب التشتت الذهني وعدم التفكير والتركيز.

تسبب الإدمان .

تسبب التشنج والعصبية الزائدة من أي موقف يواجهه.

تسبب ضعف المناعة وأمراض البروستات.

تسبب الضعف الجنسي.

تسبب البعد عن الله تعالى والإثم الكبير وان لهذه العادة مضاراً اجتماعية و صحية ونفسية أخرى يجب على كل مسلم مؤمن الابتعاد عن هذه العادة التي حرمها الله ورسوله وكما قال الرسول محمد (صلى الله عليه وسلم) ((من استطاع منكم الباءة فليتزوج ومن لم يستطع فعليه بالصوم)).

116

فعلى كل مؤمن من المتزوجين والعزاب عليهم بالصوم؛ لأن فيه أجراً كبيراً عند الله تعالى وله فوائد بالضبط عكس المضار التي أشرنا إليه سابقا إيها المدمن ساعد نفسك للتخلص من الإدمان ولا تغريك الدنيا فان الله يرى كل شيء تفعله في السر والعلن ولا يغفل عنك فهو يرقبك في كل مكان فهو اقرب إليك من حبل الوريد ، تذكر أيها المدمن إن الله اعد للمتقين كما قال الله تعالى: ﴿ جَنَّٰتُ عَدْنٍ يَدْخُلُونَهَا تَجْرِى مِن تَحْتِهَا ٱلْأَنْهَٰرُ لَهُمْ فِيهَا مَا يَشَآءُونَ كَذَٰلِكَ يَجْزِى ٱللَّهُ ٱلْمُتَّقِينَ ﴾ [سورة النحل آية 30].

وفيها من الحور العين الجميلات الطاهرات العفيفات ليس كالعاهرات الوسخات القذرات، وفيها ما لا عين رأت وما لا أذنٌ سمعت ولا خطر على قلب بشر. وهكذا يجزي الله المتقين المؤمنين الذين لا يقتربون إلى كل ما حرمه الله تعالى في كتابه العزيز .

استفتاء حول الإدمان الجنسي

عن طريق الإنترنت

phD،DANA E . puthnam

الاستفتاء تم تطويره لمساعدة الناس لتحديد فيما إذا قد أصبحت لديهم مشكلة سلوكية من خلال استخدام الجنس عبر شبكات الاتصال.

يتكون الاستفتاء من (24 فقرة) وهي تستهدف عبارات حول سلوك الإدمان الجنسي وهذا الموضوع ذو أهمية لذا فهو لا يقيس سمة نفسية بل سلوكيات الفرد . وهذا الموضوع لم يدرس مسبقا وليس له مقياس سايكومتري إلا انه يتمتع بصدق وثبات جيدين.

في الوقت الحاضر الاستفتاء لوحده هو اذن لكشف الذات .. فالأفراد والذين يستيجبون للاستفتاء هم فقط الذين يعتقدون انهم من مدمني الجنس وبحاجة إلى دراسة حالتهم النفسية ممن يعالجون معالجة خاصة حول المشكلات الجنسية .

الأسئلة التالية تلائم أي فاعلية جنسية التي من الممكن لأي شخص ممارستها لوحده والاستفتاء يمكن الإجابة عليه في ارتباط . أي أسلوب أو ما يتضمن من أساليب جنسية يمارسها الفرد لوحده وتتضمن استخدام الصور والفيديو-Voice Chat – E-mail.

1. هل تصرف وقتا اكثر مما تقدر مع موضوعات جنسية باستخدام شبكة الإنترنت ؟

نعــم   لا

2. هل تعودت رؤية موضوعات جنسية في حاسوبك الخاص ؟

نعــم   لا

3. هل أخبرت نفسك انك يجب أن توقف سلوكك الجنسي عبر الإنترنت ثم ترجع عن اتخاذ هذا القرار ؟

نعــم   لا

4. هل حاسبت نفسك بان تصرف وقتا كبيرا للبحث عن الموضوعات الجنسية عبر الإنترنت ؟

نعــم   لا

5. هل ترتاح عادة عندما تنظر في القناة الخاصة بالجنس لوحدك أم عندما تكون مشتركاً مع شخص آخر في سلوك جنسي ؟

نعــم   لا

6. هل تحتاج إلى تصورات جنسية أم تمارس العادة السرية بصورة اكثر عندما ترى الموضوعات الجنسية؟ أم لديك خبرة سابقة في مثل هذه الموضوعات الجنسية ؟

نعـم   لا

7. هل تفقد المتعة برؤية برامج وموضوعات جنسية عبر شبكة الإنترنت وتحس انك بحاجة لإيجاد أساليب جنسية أخرى قد تكون بنفس مستوى الإثارة التي كانت في الماضي ؟

نعـم   لا

8. هل تصرف المال للموضوعات الجنسية أم للتفاعل الجنسي الحقيقي ؟

نعـم   لا

9. هل تفكر في الأساليب الجنسية المنفردة؟ أم انك تجيد الحصول على تفاعل جنسي- تفترض انه الأفضل لك ؟

نعـم   لا

10. هل أخبرك أحد ما في وقت ما انك تصرف وقتا كبيرا في استخدام الحاسوب أم في استخدام الإنترنت ؟

نعـم   لا

11. هل تصرف وقتا باستخدام الأساليب المنفردة؟ أم مع التفاعل الجنسي على حساب الوقت الذي تصرف مع العائلة أو الأصدقاء أو الأمور الرومانسية الأخرى ؟

نعـم   لا

119

12. هل سلوكك الجنسي عبر الإنترنت يسبب لك مشاعر مع الأصدقاء – العائلة – الحبيب ؟

نعــم   لا

13. عندما تكون بمفردك هل تفكر لو تكون لو حدك لرؤية المظاهر الجنسية أو لعمل اتصالات جنسية ؟

نعــم   لا

14. هل تقوم بأفعال جنسية لغرض فحص حالتك والتأكد فيما لو كنت ما تزال طبيعيا ؟

نعــم   لا

15. هل حاولت إيقاف سلوكك الجنسي المنفرد من خلال القيام بأعمال مكتبية أو اهتمامات جنسية أخرى .

نعــم   لا

16. هل حاولت التوقف عن ملاحظة أو رؤية الأساليب الجنسية أو حاولت التوقف أم التغير إلى نوع آخر؟ أم انك أحسست برغبة شديدة للرجوع إلى متابعة الجنس عبر الإنترنت ؟

نعــم   لا

17. هل تفتن بالأشخاص الذين تراهم عبر الإنترنت؟ أم بالأشخاص الذين يمتلكون أفلاماً جنسية أم مع الأشخاص الحقيقيين الذين تمارس معهم الجنس ؟

نعــم   لا

18. هل تحس بضرورة الدفع اكثر لتكون على اتصال مستمر بأساليب الجنس عبر الإنترنت ؟

نعــم   لا

19. هل تحس بالخجل أم بالذنب بعد رؤيتك للمظاهر الجنسية أم عند الاتصالات الجنسية عبر الإنترنت ؟

نعـم لا

20. هل اصبح لديك خوف يوما ما من أن تدمن السلوك الجنسي عبر الإنترنت ؟

نعـم لا

21. هل اشتركت أو حاولت بعض الطرق لتجنب الانغمار في السلوك الجنسي- المنفرد أو تجنب الاتصالات الجنسية عبر الإنترنت ؟

نعـم لا

22. هل من السهولة بالنسبة لك الوصول إلى قمة النشوة الجنسية عن طريق الإنترنت أم عن طريق الممارسة الحقيقية ؟

نعـم لا

23. هل أنت مضطر لاستخدام الأساليب الجنسية عبر الإنترنت كونها اكثر سهولة عن العلاقات الجنسية الحقيقية ؟

نعـم لا

24. هل أنت متضايق لان سلوكك الجنسي خارج عن سيطرتك وضبطك؟

نعـم لا

مفتاح الاختبار موجود على الموقع الخاص بالاختبار وحسب العنوان التالي

27 - www.onlinesexaddict.org/osaq.html

الفصل السادس

الإدمان على العاب الإنترنت

ADDICTION

INTERNET GAMES

الفصل السادس

الإدمان على العاب الإنترنت

ADDICTION INTERNET GAMES

العنف والألعاب الإلكترونية:

يحب الأطفال اللعب العنيفة وذات الإثارة الشديدة وإذا ما سمح لهم فسوف يلعبونها.

ووجدت دراسة قامت بها (جين فانك) المنشور بمجلة طب الأطفال السريري انه من بين العاب طلاب الصف السابع والثامن يفضل 49% منهم الألعاب الإلكترونية المتضمنة عنفا **(والذي يمكن أن يحتوي على مضمون عنيف وبخاصة ذات ضغط عالي)** بينما يفضل 2% العاب تثقيفية وأشارت دراسة الدكتورة فانك إلى أن ما يزيد عن 80 % من كل الألعاب الإلكترونية الفيديوية ذات محتوى عنيف، وتبدو بعض العاب الفيديو ذات تأثير سيئ على الأطفال بينما تبدو العاب أخرى غير كذلك. وهذا ما يجعل العلماء منقسمين حول هذه القضية. فبعض الأطفال يلعبون ألعاباً عنيفة ويصبحون عنيفين وآخرون يلعبون ألعاباً عنيفة ولا تزداد عدائيتهم. ويبدو الأمر كأنه قطعة واحدة في أحجية معقدة حول لماذا يصبح الأطفال عنيفين. إذ إن بعض الأطفال يصبحون عنيفين، حتى دون التعرض إلى صور عنيفة بينما يبقى الآخرون سليمين مهما كانت اللعبة التي يلعبونها. إلا أن الحقيقة التي لا خلاف حولها هو أن الأطفال العنيفين يشاهدون أفلاما عنيفة، ويلعبون العاب فيديو عنيفة. ويبدو من الأمثلة أن بعض الأطفال الذين يندمجون كليا في لعبة فيديو ذات مضمون عنيف لفترات طويلة من الوقت يمكن أن تؤذيهم تلك التجربة، على الرغم من انه من الصعوبة بمكان التنبؤ بمن سيكون المتأثر الأكبر، لأن

125

هذا الأمر يعتمد جزئيا على تربية الطفل واستجاباته. إن العاب الفيديو التي تحتوي إيذاءً أو قتلا مستمرا للآخرين والتي تقدم المكافآت حول هذا تخاطر بتعليم الأطفال إما أن العنف والقتل طريقة مقبولة لحل المشاكل، أو إن العنف الطبيعي. يمكن لهذه الألعاب أن تخفض مشاعر التعاطف عند الأطفال، بحيث يبدأ الطفل في عدّ الأشخاص الآخرين أهدافا ليطبق عليها ما تعلمه في لعبة الفيديو، بدلا من اعتبارهم أناسا آخرين لهم مشاعر وحقوق. إن ألعاب الفيديو خيالية تماما فهي لا تظهر ألم ومعاناة العنف والصراخ والبكاء والجرح العاطفي ... الخ ولهذا فهي تكذب في حقيقة العنف. إن المستخدمين الكبار يفهمون هذا ولا يخدعون بفكرة أن قتل المخلوق الفضائي الغريب هي مسألة مسلية، وان هذه الفكرة ستكون مسلية في الواقع، ولكن الأطفال من السهل التأثير عليهم. والجانب الآخر لألعاب الفيديو العنيفة هو أنها تزيد بشكل كبير معدلات الأدرينالين عند اللاعبين فالأطفال المندمجون في هذه الألعاب من المحتمل أن ترتفع لديهم نسب الأدرينالين والتي يمكن أن تؤدي إلى العدائية المفرطة بالإضافة إلى أعراض مرض نقص الانتباه. أما الأطفال الذين يبحثون عن العاب لتخفيف أو إزالة التوتر قد لا يجدون غايتهم في العاب العنف المفرطة. إلا انهم بدلا من ذلك قد يصبحون اكثر توترا طالما أن العنوان هو اقتلهم وهو لغرض رفع توتر اللاعب إلى أعلى مستوى ممكن ويتطلب منهم أن يلعبوا بصورة فعالة تحت التوتر الشديد لكي يفوزوا باللعبة. فالإدمان هو حث أو استجابة طبيعية بين الأطفال المندمجين في ثقافة الألعاب العنيفة إذ يحتاج الأطفال الذين لديهم إدمان حثي إلى دوافع أقوى وأقوى ليصلوا إلى التجربة العاطفية نفسها. وفي بعض الأحيان يؤدي بهم ذلك إلى العاب اعنف اكثر واكثر. وهذا جزء من المشكلة الأكبر من مشكلة إدمان الكومبيوتر التي تواجه أطفال اليوم.

وتعد ألعاباً من نوع الشطرنج مريحة اكثر ففـي الشـطرنج لا يحـس الأطفال أن وقـتهم محدد وليس هناك شخص سيتأذى لا في الخيـال ولا في الواقع، إنّ هـذا النـوع مـن الألعـاب والتـي تسمح بالتفكير الواسع والخالي من الخصوصيات و الستراتيجي بـدون خلـق مواقـف أزمـة عاطفيـة أوضح ، فبسبب الأدرينالين المرتفع يكون لديها تأثير مختلف على مستويات عدائية الأطفال .

هل يجب أن تراقب العاب الفيديو ؟

إن المراقبة هي حين تضع الحكومة تحديدات حول حرية الخطاب أو التعبير مستندة عـلى أن أنواعا معينة من الخطاب ذات أهمية اجتماعية قليلة أو مؤذية جداً، بحيث إنها لا تستحق الحمايـة حسب التعديل الأولى . فترويج مواد ممنوعة مثلا في الولايات المتحدة لا يتلقى حماية من التعـديل الأول فمن غير القانوني توزيع مواد ممنوعة للناس الآخرين (على الرغم من جواز امتلاكهـا) ويحـرم القانون الأمريكي الحالي أيضا توزيعها على القاصرين (مواد يعتقد أنها مؤذية لهـم) " فهـي مؤذيـة للقاصرين أو أسلحة هجومية ضارة . أن هـذه المصـطلحات غامضـة نوعـا مـا وتـرتبط بمـا تسـميه المحكمة العليا أخلاق المجتمع " أن الكلام الضار بالأطفال هو الخطاب:

أ. الذي يصف بالصور أو الكلمات سلوكا جنسيا أو أي سلوك آخر يعد مسيئا بصورة واضحة في ظل المجتمع المعاصر.

ب. ما يخاطب الاهتمام الشهواني للقاصرين .

جـ. يفتقد بمجمله القيمة الأدبية، العلمية، الفنية أو السياسية للقاصرين

فمن غير القانوني سـلفا توزيع العاب الفيديو المسيئة أو الهجوميـة للأطفال المتضـمنة العاب الفيديو المسيئة للقاصرين . ولكن تحليل أي الألعاب هو مؤذٍ أو غير مؤذي للأطفـال مسـألة تحتاج إلى تحليل . وفيما يتعلق بالعاب

127

الفيديو المنزلية تعد صناعة العاب الفيديو بحق واحدة من اكثر القطاعات مسؤولية مـن صـناعات التسلية الأخرى ومثال للقطاعات الأخرى .

وتتنوع كل من العاب الفيديو الرئيسة بتنوع عمـر الأطفال. وقـد تمـت هـذه الخطوة طواعية من قبل الصناعة وكنتيجـة لهـذا يستطيع الآبـاء أن يكونـوا واثقـين بـأنهم إذا اشـتروا لعبـة مناسبة للأطفال بعمر خمس سنوات فان هذه اللعبة لن تحتوي علـى مشـاهد عنيفـة أو جنسـية . فالعاب الفيديو التي تتضمن عنفا رسوميا تحتوي على عبارة تقول تحتوي عنفـا رسـوميا . وإذ ذاك يمكن أن تثبت شركات صناعات العاب الفيديو وبكل صـدق بأنـه إذا كان الأطفال يلعبون ألعابـا تحتوي على رسوميات عنيفة أو جنسية فهذا لأن الوالدين سمحا بـذلك. ومن المخجـل أنّ الأعمال التي تنتشر في العالم لا تتبع قرار النسب الطوعيـة حـول هـذه القضـية. ففـي الشبكة لا تـوجد إلا مواقع قليلة تحدد عمر مرتاديها ولهذا السبب فليس هناك وسيلة لمعرفـة مـا يحتوي موقـع علـى الشبكة إلا بالدخول إليه وبسبب عدم تحديد العمر وسوء استخدام محرك البحث وما بعد المبتـذل تظهر الآلاف من المواقع العنيفة جدا أو الإباحية في القوائم، عندما يستخدم الأطفال محركات بحث للبحث عن مواضيع خاصة بالأطفال.

أنا مرتاح من المستوى الحالي المهتم بما هو قانوني، على الـرغم انـه لا تـزال هنـاك مشـكلة تعزيز تتعلق بالقوانين الحالية ، أن منع العاب الفيديو العنيفة هي خطوة جيدة إذ أن العديد مـن الكبار يلعبون مثل هذه الألعاب ويجب أن لا تمنع حريتهم. ويظهر أن المشكلة الرئيسة هي دخول الأطفال إلى هذه الألعاب وبعض هذه الألعاب تناسب المراهقين الأكبر سنا أو الكبار وهنا تقـع المشكلة على عاتق الأهالي، فطالما أن الألعاب ذات المحتوى العنيـف تحتـوي علـى مـا يـدل عليهـا فيجب على الأهالي أن يقرأوا الصندوق جيدا قبل الشراء وأيضا مراقبة اللعبة عندما يلعبهـا الطفل للتأكد من الوصف فإذ ما حصل

الطفل على لعبة غير مناسبة، يجب على الآباء أن لا يلوموا الحكومة. إن منع العاب الفيديو ليس الحل إنما الحل هو تثقيف الأهالي. أن منع العاب الفيديو ربما لا يكون في مصلحة الطفل فتحديد وقت اللعب ومراقبة اختيار الألعاب طبقا للمستوى التطوري ومحتويات اللعبة يمكن أن تكون بأهمية الإدارة الأبوية لبرامج التلفزيون ويجب على الآباء والاختصاصيين البحث عن وسائل فعالة لزيادة قبول وشعبية وتوفر الألعاب والتي تعتبر نسبيا الاجتماعية، والتثقيفية والممتعة (الدكتورة جين فنك، مجلة طب الأطفال السريري).

نصائح للآباء :

1. **اقرأ ما كتب على الصندوق:** لا تشترِ ألعاباً إلكترونية لطفلك إلا إذا فهمت طبيعتها ومناسبتها لأي عمر .
2. **راقب اللعبة:** عندما يلعب ابنك راقب اللعبة لفترة حتى تستطيع أن تقرر بنفسك إذا كان مستوى المحتوى الجنسي أو العنيف مناسباً لقيمك العائلية .
3. **اعرف المزيد عن العاب الفيديو والعنف:** ترى هناك قائمة طويلة من الإرشادات إلى الدراسات والآراء حول هذا الموضوع وكلما قرأت عن الموضوع كلما استنرت وأصبحت آراؤك اكثر عملية .
4. **أنت وولدك فريق:** ناقش هذه المواضيع مع طفلك وأوضح أسبابك إذا قلت لا للعبة معينة.
5. **تذكر** حتى لو كان بإمكانك أن تمنع لعبا معينة عن بيتك يمكن لأطفالك الحصول على هذه الألعاب عن طريق بيوت أصدقائهم.
6. **حددّ الوقت** : فالوقت الكثير في لعب أي لعبة ذات شد عالٍ ومحفزة للأدرينالين (إذا أهملنا مستوى العنف) هي سيئة لصحة طفلك . حدد وقت

لعبهم لتلك اللعبة ذات التوتر العالي حتى لا تنتهي بقضاء ساعات ملتصقا بالشاشة وليكن أقصى حد لأي لعبة هو ساعتين يوميا.

عش حياة متوازنة : شجع طفلك على أن يحيا حياة ملتزمة فالاستخدام المطول للحاسبة مضر بالصحة ، فإذا كان طفلك يلعب ألعابا إلكترونية يجب عليه أيضا أن يمارس الرياضة، أو أي نوع من النشاطات الخارجية.

العاب الفيديو : سبب الاهتمام

هناك الكثير من الإدمان الذي يحيط إطلاق كل حامل لعبة جديد. ويعد جهاز(سوني بلي ستيشن(Sony Palestine) أحدثها ولكن هل يجب على الأهالي أن يقلقوا جراء رغبة أولادهم للعب الحقيقي. إن الانتقاد الأكثر شيوعا ضمن الانتقادات الموجهة لألعاب الفيديو هي إنها تسبب الإدمان . ويمضي الاتهام إلى أن هذه الألعاب يمكن أن تؤدي إلى سلوك إجباري وفقدان الاهتمام بالأنشطة الأخرى، والاشتراك بصورة أساسية مع بقية المدمنين وأعراض غير معتادة عندما يتم حرمان المدمنين من افضل طريقة لتمضية وقتهم مثل الاهتزازات إلا إذا كانت الاهتزازات تبدو اعتيادية. إذ اظهر بحث قبل عقد مضى أن مدمني العاب الفيديو كانوا قمة في الذكاء، متحفزين و أشخاصا ميالين إلى تحقيق الإنجازات وقد ابلوا حسنا في المدرسة وفي العمل. ولكن هل ممكن لألعاب القرن الحادي والعشرين الأكثر تعقيدا أن تكون مستهلكة للوقت بحيث تتدخل في هذا النوع من الإنجازات. هذا ما يعتقد (دكتور مارك جريفينثر) من جامعة نوتنجهام تينت وهو خبير في إدمان العاب الفيديو حيث يقول: **من الممكن أن تكون العاب الفيديو الخاصة بالقرن الحادي والعشرين بطريقة أو بأخرى اكثر مكافأة من الناحية النفسية من العاب الثمانينات من**

حيث احتياجها لمهارات معقدة وحذقا اكثر وتصور مواضيع مهمة اجتماعيا ورسوما افضل.

إدمـــان اللعبة :

إذا كانت هذه اللعب تقدم مكافآت نفسية يمكن أن تسبب إدمان اللاعبين . يبدأ انجذاب الأولاد لألعاب الفيديو في حوالي السابعة وتبقى اللعبة نشاطا غير مؤذٍ، ولكن يمكن أن تؤدي القلة القليلة إلى الإدمان . وأظهرت دراسة حديثة عن الأطفال في سنيّ مراهقتهم الأولى أن ما يقارب ثلث العاب الفيديو التي يتم لعبها يوميا وان هناك نسبة اكثر داعيا للقلق أن 7 % من الألعاب تلعب على مدى 30 ساعة تقريبا في الأسبوع . وما يهتم به الدكتور جريفيتث هو هذه الـ 7% فيقول: ما هي التأثيرات بعيدة المدى لأي نشاط يستغرق 30 ساعة من وقت الفراغ في الأسبوع على التطور الثقافي والصحي والاجتماعي للصغار والكبار.

إن مثل هذا الاعتماد يمكن أن يغذي سلوكيات جنحية أخرى مثل سرقة النقود لشراء العاب جديدة ، التهرب من أداء الواجبات أو ببساطة الانزعاج الكبير عندما يصبح غير قادر على اللعب. إذا يقرر الآباء المهتمون بان المدارس والعاب الفيديو أصبحت أحمالا ثقيلة . لدى الدكتور جريفينثز يملك سلفا حسابات جاهزة.

هل طفلك؟!!

1. يلعب تقريبا كل يوم .
2. يلعب لمدة طويلة(ما يزيد عن 3-4 -5 ساعات في اليوم).
3. يلعب لغرض الإثارة .
4. يهتاج ويغضب إذا لم يستطع اللعب .

5. يتخلى عن النشاطات الاجتماعية والرياضية .

6. يلعب بدلا من أن يؤدي واجباته .

7. يحاول أن يترك اللعب ولا يستطيع

إذا كانت الإجابة نعم على اكثر من أربعة أسئلة فان طفلك أيضا قد يلعب كثيرا .

إذا ماذا يجب أن نفعل ؟

1. نعطي الأطفال ألعابا ثقافية بدلا من الألعاب العنيفة .

2. نشجع لعب العاب الفيديو في مجموعات افضل من نشاط توحيدي.

3. نحدد وقتاً للعب الأطفال . اخبرهم انهم يمكن أن يلعبوا لساعتين بعد أن يؤدوا واجباتهم وليس قبل ذلك .

4. أكد على الأطفال أن يلتزموا بتعليمات مصنعي العاب الفيديو الخاصة بالأطفال. فعلى سبيل المثال يجب أن يجلسوا على بعد قدمين من الشاشة، وفي غرفة مضاءة الجدران ولا يجب أن تكون الشاشة في اكثر حالاتها لمعانا ولا يجب أن يلعبوا إذا ما شعروا بالتعب .

5. وإذا فشلت كل هذه الوسائل احمل حامل اللعبة واعدها على أساس وقتي عندما تتوفر لديك الألعاب الجيدة أن أحد أعراض التعرض الزائد التي يمكن أن يلاحظها الآباء هو الجمود في حركة أطفالهم. ومع وجود 40 % من العيوب التي تحتوي حاليا على الحاسبات فان هناك العديد من الفرص أمام الأطفال لكي يجلسوا إلى الشاشة . ولكن معظم الشروط مكتوبة من اجل الأبوين والأولاد هم الذين ينفذون. أن الصورة المتكررة السيئة هي واحدة من أهم الأسباب الرئيسة لإجابات التوتر المتكرر بين الأطفال، طبقا (لبني مارتن) مدير حملة الفعل الجسدي

وهي محاولة خيرة لمحاربة الأمراض ضمن الشباب فهي تقول إن الأطفال بعمر 7 سنوات يعانون من هذا المرض نتيجة الاستخدام الزائد عن حده للحاسبات في البيت والمدرسة .

وفي بعض الصفوف التي يتراوح عمر الطلاب فيها 11 سنة وجدت الدكتورة العلامات الأولى لهذا المرض .

العلاج البارد :

لقد اخبر صبي في الثالثة عشرة من بنكهام ، جنوب غرب لندن، انه يحس في الليل بألم في الأصابع بحيث يضطر إلى وضعها في الماء البارد ليذهب الألم .

وتقول الآنسة مارتن بان هناك العديد من الألعاب المصممة لتشجيع الطلاب على القيام بالسعي لتحقيق نتائج جيدة إلا انهم ينسون أن يأخذوا استراحة. ويجب أن يكون المدرسون والأهالي حذرين فبعض الأطفال قد يتخلون عن دراستهم بسبب الألم الذي يجعل الدراسة مستحيلة .

إذ أن الأطفال قد يضطرون إلى اللعب تحت الغطاء ليلا إذا ما سمحت لهم بذلك .

والانتقاد الدائم المقام ضد العاب الفيديو هو أن غالبيتها تمثل عناصر عدائية.

اهدأ :

لقد تم استخدام هذا المصطلح للقول بان الأطفال اصبحوا اكثر عدائية نتيجة لعبهم هذه الألعاب . لقد استمر الجدل لمدة 15 سنة ولم يتم تنفيذ إلا بحوث منظمة قليلة في خلال هذه الفترة ، وتبرز أهمية النقاش بصورة متزايدة مع استخدام الألعاب الجديدة تمثيلات اكثر واقعية للعنف البالغ والواقعي .وتنص نظرية التعلم الاجتماعي بان لعب العاب الفيديو العدائية

تؤدي إلى محاكاة السلوك العدواني . ومن الناحية الأخرى تنص نظرية التنفيس بان لعب العاب الفيديو لديه تأثير مريح عن طريق مخاطبة وإطلاق العدوان . ويقول (د.جريفنثر) انه في الوقت الذي نحتاج فيه إلى أبحاث اكثر يبدو أن لعب الطفل بعد مشاهدة لعبة فيديو عنيفة يصبح عدوانيا ويضيف " ومن المحتمل أن تكون هذه الحالة حيث يكون لألعاب الفيديو تأثير محسوس اكثر على الأطفال ولكن تكون ذات تأثير قليل، هذا إذا كانت تؤثر فعلا، إذا ما وصلت إلى المراهقين".

إدمان الألعاب يصبح على الإنترنت

بينما يميل الاندماج مع العاب الفيديو إلى أن يكون متوسطاً بحيث يسهل التخلص منه تقدم العاب الإنترنت عالما كاملا ومتفاعلا اجتماعيا يجعل الأمر صعبا على الكثير ليتخلصوا منها .

كان دينس بينت يتغيب عن محاضراته وكان يعاني من مشاكل في زواجه ولم يكن أباً صالحا لصغيره الذي يبلغ من العمر عاما واحدا ولكنه قد تقدم إلى المستوى 58 بصفته مدريد ساحر الشمال العظيم وهي شخصيته في لعبة ايفركويست على الإنترنت وكان هذا كل ما يهمه في ذلك الوقت . وكان بينت الذي رجعت حياته ودرجاته إلى طبيعتها منذ توقف عن اللعب لمدة سنة يعد نفسه شخصا شفي من إدمانه على هذه اللعبة ، والآن يعتبر قادرا على التحكم برغبته في الاندماج بعالم اللعب المليء بالخيال . وذكر مهندس إنترنت في إنديانا الجنوبية " لقد كادت الألعاب أن تدمر حياتي، لقد كانت الألعاب حياتي، لم اعد أنا، تلبسني مدريد ساحر الشمال العظيم وإذا ما فكرت في حالتي سابقا كدت أن اصبح معزولا، انه أمر محزن " إن مثل هذه المواضيع المنتشرة منذ زمن طويل والتي كانت تعد من الأمور المضحكة ضمن مدمني

العاب الكومبيوتر ولكنه الآن يتمتع باهتمام كبير مؤخرا حيال العاب الخيال مثل لعبة (ايفركويست) أو اسمها الصريح (ايفركراك) الذي يطلقه عليها العديد من اللاعبين المتزايدين. وقد لامت إحدى السيدات لعبة ايفركويست في انتحار ابنها الذي يبلغ 21 سنة من عمره في الشهر الماضي إذ كان يعاني من مشاكل عقلية وكان لاعبا تملكه لعبة ايفركويست. وكانت اللعبة السبب في موت تامبا، الطفلة في فلوريدا، والتي كان والدها كما يزعم الناس مهتما بهذه اللعبة بحيث تسبب إهماله في وفاة الطفلة. وبينما تكون هذه الحالات نادرة فان أخصائيي الصحة النفسية يقولون أن الألعاب الخيالية التي يقدمها الحاسوب والعاب الفيديو التي تسبب الإدمان الحقيقي وتدمر الزواج والوظائف . وقال الدكتور (تيموثي ميلر) المقيم في بلدة ستوكتون وهو أخصائي نفسي- سريري في كاليفورنيا " إنها مشكلة واسعة ومتسعة لتشمل الذكور والمراهقين الأكبر والرجال اليافعين الجدد. لقد رأيت حالات لشباب في 17 أو 18 والذين لديهم اتصالاتهم على الإنترنت ولم يغادروا منزلهم لسنوات " واكمل " لقد كانت إحدى الحالات التي أعالجها شخصا حاول أن يدخل إلى نظام الرعاية الاجتماعية للمعاقين بصفته مصابا برهاب التوحد لم يكن يعاني من أي مرض عقلي إلا انه لم يرد أن يترك (ايفركويست) أو الرسائل العاجلة". وقد اقترح البعض وضع علامات تحذيرية على لعبة (ايفركويست) والتي يمارسها اكثر من 40000 شخص يدفعون ثمن الاشتراك بها. وقال سكوت ماك دانيال نائب رئيس التسويق لناشر ايفركويست من سوني على الإنترنت / صفحة التسلية بان الشركة تعتمد على اللاعبين ليقولوا رأيهم وقال " اعتقد أن بضاعتنا هي مثل كل أنواع البضائع حيث يجب أن تكون واعيا أثناء استخدامها فأنت لا تهمل سلبيات شرائك سيارة حتى لو علمت أنها يمكن أن تدهس الناس ، يجب على الناس أن يستخدموا إدراكهم جيدا وإذا ما كان لديهم أطفال يجب أن

ينتبهوا إلى ما يفعلونه". إن الاندماج الذي يحصل في العاب الفيديو مثل لعبة سوني في بلي

ستيشن 2 يمكن أن يؤدي إلى السلوك الإجباري خاصة بين الأطفال ولكن مثل هذه المشاكل عادة ما

يمكن حلها بسهولة من خلال تدخل الوالدين وطبيعة الوقت المحدد لهذه الألعاب والتي ستصبح

مكررة ومملة في نفس الوقت .

إغراء البطـــل

تمنح العاب الكومبيوتر الشخص المرتبط بالإنترنت مثل (ايفركويست) لعبة

العصر المظلم لكاميلوت " الجديدة او ديابلو 2 شعور البطل لبعض اللاعبين وهذا بدوره يسبب

مشاكل اكبر. فالخصائص الكلامية المكثفة تمنح مثل هـذه الألعاب بعدا اجتماعيا غير موجود في

الحياة الواقعية ، والطبيعة المشتركة والتنافسية مـع أو ضد اللاعبـين الآخرين تجعل مـن الصعب

التوقف.

إن حساب العاب الإنترنت يشغل جزءاً صغيراً مـن دخـل صناعة الألعاب ولكـن بحـث

مؤسسة IDC يتوقع أن يبلغ مجموع أرباح العاب الإنترنت مـن 1،8 بليـون دولار إلى1،26 بليـون

دولار في الحاصل السنوى لسنة 2005 مـع طرح (مايكروسوفت وسـوني) وغيرهـا مـن الشركـات

المنافسة ألعابا أخرى. وينتقد ميلر صفتين مميزتين للإدمان يندمج الشخص بانتظام في نشاط معين

لمدة أطول من المعتاد ويستمر في أدائها على الرغم من الآثار السلبية.

وبهذه الصفات يوصف معظم اللاعبين الموجودين علـى مجموعـات دعـم الإنترنت مثـل

المشتركين في لعبة (أرامل ايفرمويسـت) علـى انهـم مـدمنون. ذكـرت لي إحـدى المـدمنات لعبـة

ايفركويست" عندي صديق يقوم

بإجراءات الطلاق أن الرجل الذي أتحدث عنه مر بثلاث علاقات غرامية وخسر وظائف اكثر بسبب هذه اللعبة" وكغيره من اللاعبين رفض لي التصريح باسمه الكامل. وعلى الرغم من أنها قالت لي استطاعت التوصل إلى توازن ملموس بين اللعبة والتزامات العالم الحقيقي فهي غالبا ما تمتحن إخلاصها للعبة" أنا فكرت في ترك اللعبة طوال الوقت، تكمل لي" أنا واثقة من أن هناك العديد من العيوب التي أعاني منها الآن مثلا أنا لا اهتم كثيراً بأولادي كما يجب". وتتضمن معظم الألعاب أحاديث مطبوعة مانحة اللاعبين فرصة أن يتفاعلوا مع بعضهم البعض في أزياء الشخصيات التي يمثلونها. وقالت الدكتورة ماريسا هيشت اوزاك مديرة مركز خدمات إدمان الكومبيوتر في (جامعة هارفرد) عضوة مستشفى ماكلين أن الدور الاجتماعي هو عامل أساسي في حالات إدمان الألعاب العديدة وأضافت " يعاني الكثير من هؤلاء الناس من الوحدة ولم يسبق لهم أن أحسوا بالانتماء إلى شيء في حياتهم ويشعرون في هذا الشيء في هذه اللعبة وفي بعض الحالات تكون هي الصديق الوحيد الذي يتعاملون معه". وتغري هذه الألعاب أيضا اللاعبين بأهداف وإنجازات معقدة. وينخرط لاعبو" ايفركويست " في نشاطات لتطوير شخصياتهم من مستوى إلى آخر، ويتنافسون لإيجاد عناصر قيمة في اللعبة مثل الدروع والأسلحة ويمكن للاعبين أن يجدوا أنفسهم عالقين في اللعبة لعدة ساعات أثناء صراعهم لكسب مهارة إضافية أو سلاح. ويقول بينت " اعتقد إن اكثر جزء يثير الإدمان هو اكتساب القوة والمكانة. إن الطريقة التقدمية التي تكتسب فيها القوة تصبح اكثر عرضة للخوف من اللاعبين فكل مهارة جديدة ليست كافية". وقد أحس ميلر طبيب ستوكتون النفسي كيف يمكن أن تصبح أهداف اللعبة ملزمة عندما حاول لعب (ديابلو 20) ليعرف طبيعة اللعبة ، وقبل أن يمضي وقت طويل وجد نفسه في جلسات ليلية يلعب هذه اللعبة وقد

أنهى هذه الحالة بإلغاء اللعبة من حاسوبه الشخصي والتخلص من القرص الصلب وذكر الطبيب" أن كل هدف يؤدي إلى آخر وتقوم بخيارات حاسمة دائما فتقضي الكثير من الوقت في تطوير شخصية وتحس انك أضعت الكثير من الوقت إلا إذا حققت الهدف الثاني " ويضيف ميلر" أن هذه الإغراءات يمكن أن تصبح ماكرة فأنا شخص ذو موقع جيد لفهم المسالة إلا أنني حتى الآن يجب أن أناضل للتغلب على هذا الشيء ويقول " أستطيع أن أتخيل أن شخصا ليس له مثل معلوماتي في مثل هذه القضايا سيقضي وقتا طويلا وصعبا في فهم ما يحدث لهم.

الاعتراف بالمشكلة :

مثل معظم حالات الإدمان إن أصعب جزء من العلاج من إدمان الألعاب غالبا ما يكون جعل المدمن يعترف بان هناك مشكلة وهي مشكلة تكون اكثر صعوبة نظرا لطبيعة الألعاب المفيدة ظاهريا. وتقول إنجيل أن صديقها يقضي على الأقل 30 ساعة في الأسبوع في لعب ايفركويست بصفته قزما أنثى وهو خيار لشخصية تراه غريبا ومزعجا وهو يلعب هذه الألعاب على حساب أعمال المنزل والالتزامات العائلية وفي بعض الأحيان الوظيفية . وقالت" أن أسوا جزء من الحقيقة بأنه لا يعترف بأنه نوع من الإدمان ويبدو واضحا من الضرر الذي حصل في حياته الخاصة أن اللعبة هي مسؤولة عنه". وبالنسبة للاعبين الذين يعترفون بان لديهم مشكلة تكون الاستجابة هي دائرة من الذنب والتطهير الشائعة لكل المدمنين . بينما استطاع بينت أن يقتل شخصيته ويهزم لعبة ايفركويست بدون أي ندم بينما لا يواجه العديد من اللاعبين هذا النجاح، وتقول لي" أن الناس الذين شاهدتهم يتركون اللعبة ويدمرون شخصياتهم، عادوا ورجعوا إلى اللعب يشكل إدماني ثانية " ويتضمن

العلاج الحقيقي لمعظم اللاعبين كما تقول اوزاك ، النظر إلى القضايا التي تقف وراء إدمان اللعبة. فهي تستخدم طريقة إدراكية للعلاج حيث يفحص اللاعبون الدوافع العاطفية التي تدفعهم إلى لعب لعبة بشكل كثيف والبحث عن سبل بديلة لإرضاء هذه الحاجات. وتضيف" يعتمد العلاج على أن هناك أشياء عديدة تحصل في الحياة والهدف هو أن يدرك الناس أن هناك أشياء تحدث ويجب أن يكونوا مسؤولين لكي يحصلوا عليها " وتقول " أن اللعب الكثيف غالبا ما يعكس مشاكل في البيت. أن هناك بالتأكيد نوعا من التحول جارية في تركيب العائلة أو تركيب الوظيفة. ويقود (نيكولاس لي) بحثا مكثفا حول لاعبي أيفركويست بينما حصل على درجة في علم النفس من جامعة هانفورد فقد وجد علاقة مباشرة بين كمية الوقت التي يقضيها اللاعبون في لعبة ما وتنمية مرض العصاب وقال " بصورة أساسية ما اسهل أن يصاب الشخص بالكآبة أو اختلاف المزاج. ويقول لي انه لا يشك بان ألعابا مثل " ايفركويست " يمكن أن تصبح نوعا من الإدمان، إلا أنها يمكن أن تكون تفريجا للتعامل مع القضايا العاطفية والسلوكية. ويقول " أن بيئات مثل ايفركويست " يمكن أن تساعد الشخص إذا كان خجولاً أو يعاني من صعوبة إقامة علاقة عاطفية. إذ توفر لهم هذه البيئة أمان تجربة أشياء جديدة. فهم يستطيعون تجربة كونهم اكثر صراحة أو يحاولون لعب دور قيادي. والتي يمكن أن لا تتاح أهم هذه الفرصة في الحياة الحقيقية وخاصة بالنسبة للمراهقين فهو يجعلهم يلعبون أدوارا وشخصيات مختلفة في وقت يناضلون فيه للقيام بمثل هذه الأشياء في الحياة الواقعية.

تسلية والعاب أم عمل جــاد ؟

هل تتبع لعبتك نمطا سلوكيا أو صيغة السلوك المرضي . تقول خدمات إدمان الحاسبات في جامعة هارفرد وعضو مستشفى ماكلين أن الأعراض النفسية والجسمانية للإدمان تتضمن الأعراض التالية:

1. عدم القدرة على التوقف عن النشاط.
2. تجاهل الأصدقاء والعائلة.
3. الكذب على الرؤساء والعائلة حول هذه النشاطات.
4. مشاكل في الدراسة أو العمل.
5. أعراض نفق كاربال.
6. عدم الالتزام بما يحفظ الصحة الشخصية .
7. مشاكل في النوم أو تغيير في أوضاع النوم .

بحث إنهاء إدمان الألعـاب :

مع اقتراب العطلة يتبادر إلى أذهان الناس فكرة الاسترخاء في البيت وتحضير كل أنواع الحلويات الغنية و قضاء وقت أطول مع العاب حواسيبهم. فبدلا من احتساء الكاكاو مع أحبائهم يذهب اللاعبون إلى الغرفة المظلمة يذبحون الوحوش و يغزون عوالم جديدة، و هكذا يشبعون نزوتهم للبطولة. أن مثل هذا السلوك يزعج أناسا كثيرين. فليس من الممتع الارتباط بلعبة إليكترونية خاصة خلال موسم يفترض أن بقية الناس واقعون في الحب والتناغم وكل هذه الأفكار الدافئة والحنونة، أو بينما يصر اللاعبون المتمرسون على إن هواياتهم المفضلة هي قضاء مسالم للوقت إلا أن محبيهم يشكون بان هوايات أحبابهم قد تحولت إلى شئ اقرب إلى الإرغام والذي يؤدي إلى السؤال التالي هل هناك شئ اسمه إدمان اللعب؟ أو إذا كان يعني

تغطية لشيء سيئ ؟ أن هذا يعتمد على الشخص الذي تسأله. ففي أحد الأطراف هناك بعض اللاعبين الذين يهددون بالعودة إلى العصور الوسطى إذا ما تجرأ أحدهم وطلب منهم أن ينهضوا عن الحاسبة. وفي الطرف الآخر هناك الزوجات المهملات، لاعبون سابقون وجماعة من المعالجين النفسيين والمختصين في معالجة إدمان الألعاب. هناك بعض الألعاب والتي تكون اكثر شتما من الألعاب الأخرى المحبوبة. فلعبة (البحث الدائم) أو (دائم الانكسار) كما يسميها البعض تتصدر القائمة. وتمتلك (Yahoo) ناديين مخصصين لألعاب السيف والسحر إذ يكون اللاعبون على هيئة برابرة وأشخاص واسعي المعرفة يلاحق بعضهم الآخر .

حول عالم خيالي في نورات (الزوجات ضد ابفركويست و أرامل ابفركويست). أما اللعبة التالية والتي تضم ما يزيد عن ألف عضو تمتلك كل متميزات اجتماع ال-نون الحقيقي. "مرحبا أنا في التاسعة عشر والعب ابفركويست منذ ما يقارب السنة وصديقي يلعب على الأقل خمس ساعات يومياً، ويقرأ التعريفة التقليدية لأي عضو جديد. وتروي لعبة (أرامل ابفركويست قصص المصائب فقد أصر أحد الأزواج على لعب اللعبة في غرفة الوضع أثناء ولادة طفله) وتقدم هذه اللعبة المواساة الصحية ويقول توني الذي أصر على عدم كتابة اسمه كاملا، وهو وسيط إحدى المجموعات" إن الألعاب فقط اجتماع للناس ليساعد الناس بعضهم بعضا في التنفيس عن مشكلاتهم فهناك العديد من الأعضاء وصلوا إلى نقطة استعادوا حياتهم الطبيعية فهم لا يجلسون يراقبون رؤوس زوجاتهم من الخلف. ويتشارك الأعضاء أيضا في تبادل المعلومات حول تخريب لعبة ابفركويست بحذف الشخصيات أو بسد الطريق أمام المستخدمين ونتيجة لهذا يتعرض المجلس بانتظام لهجوم اللاعبين الغاضبين الذين يحذرون الشركة من العبث باللعبة.

وهناك أيضا الزيجات التي تتم عن طريـق اللعبـة فبالإضـافة لكـونهم مـرتبطين بقطعـة إلكترونيـة يخشى العديد من لاعبي هذه اللعبة الارتباط بشخص حقيقي. وكثيرا ما تحدث زيجات بـين لاعبـي هذه اللعبة على الإنترنت وغالبا ما يمتد الحب إلى خارج اللعبة. ويقول تـوني الـذي أقامـت زوجتـه علاقة غرامية مع زوج متخيل، لقد دمرت هذه اللعبة الكثـير مـن الزيجـات. فقـد طلـب تـوني مـن زوجته أن تعود من اجل أولادهـما الثلاثة (وأخبرتها انه إذا تكرر هذا الشيء ثانيـة فلـن اسـمح لهـا بالعودة) وقد دخل بعض اللاعبين السابقين إلى الإنترنت لينبهوا مـن أخطـار اللعبـة نفسـها. وكتـب جيفري ستارك تلميذ ثانوية في اونتاريو كندا مقالة ملهبة للعواطف في صيغة مساعدة للذات، انهـم فيها لعبة ابفركويست بتـدمير حيـاتهم. ولمـا هـدده أهلـه الـذين لا يغرمـون كثـيرا بالتقنيـة بـأنهم سيقطعون التيار عن الحاسبة اخبرهم انهم بفعلهم هذا سيدمرون اللعبـة (فصـدقاه) وكـان يقضيـ أسبوعا دون الاستحمام أو تناول وجبة مناسبة . وأخيرا لم يذهب إلى المدرسة لمدة فصل دراسي، لأنه لم يستطع أن ينهض عن اللعبة . لقد تخليت عن فصل دراسي وكنت اشعر بالإحباط وقال لي والداي أني لو أستمريت في اللعب فسوف اصبح زبالا لقـد كانـت إهانـة كبـيرة وفي النهايـة وصـل جيفـري ستارك أعلى مستويات لعبة ابفركويست وباع ثلاث شخصـيات مـن e Bay بمبلـغ 4500 دولار والآن ينصح الأهالي بان ينظّموا لعب أطفالهم.

إدمان العاب الكومبيوتر والفيديو .

تبين الدراسات إن متعة العاب الفيديو والكومبيوتر تجعل الناس مدمنين.

اسأل عدداً من الأشخاص كيف يحبون أن يقضوا وقت الفراغ. هـل سـوف يحصـلون عـلى المتعة من العاب الفيديو ؟ لكن لماذا يحبون هذه الألعاب إلى درجة كبيرة ؟ هل هم مـدمنون عـلى العاب الفيديو والكومبيوتر ؟

وفقا لبعض الدراسات التي تبين أن متعة العاب الفيديو تـؤدي إلى جعل الـدماغ مـدمناً بـسبب التعود على هذه الألعاب وتكرارها بصورة مستمرة. وبالنسبة إلى أي من الأهالي الذين يـرون الأولاد يلعبون بالعاب الفيديو والكومبيوتر فان هذه الأخبار تبدو غير سارة.

ما الذي يجعل هذه الألعاب لها القدرة على أن تجعل الشخص مدمناً ؟

المتخصص بالإعلام الدكتور جارلس انجيرليدر يوضح ذلك بقوله:

" انهم متوافقون جداً مع التعقيد المتزايد ، ولهذا فان الطفل يصبح اكثر اطلاعاً . حتـى انـه يرغب أن يعرف المزيد ويطبق مهارات جديدة ."

بينما رغبة إثبات لعبتهم هي ليست مشكلة في حد ذاتها . إنها تصبح واحدة لو أن العاب الفيديو والكومبيوتر والإنترنت كما يقول انجيرليدر :-

" تأخذ بعداً جديد اكثر بكثير من الفعاليات الأخرى "

ولهذا فعلى الأهالي أن يتدخلوا ويقللوا من الوقت الذي يقضيه الصغار مع الألعاب .

البروفيسورة في علم الحاسبات ماريا كلافي لها رأي في العاب الفيديو والكومبيوتر والإنترنت فهي تقول :- " لو أن هذه الألعاب تكون غير عنيفة جداً فأنها تسـتطيع أن تقـدم فرصـاً حقيقية لحل المشكلة، كالتفكير الستراتيجي الجوهري " ولكنهـا تضيف بان مـن المهـم إن ألعـاب الفيـديو والكومبيوتر والإنترنت تمارس بصورة دورية .

تقول كلافي أن الأهالي يجب " أن يتزودوا باختيار الفعاليات، ليس فقط تلك التي لـديها الفعالية والحدث. اختر بعضها التي تحاكي حل المشكلة أو تحاكي قصة سـمعته. وأيضاً تهـدف إلى تحقيق التوازن في حيات طفلك . الرياضة هـي مهمة أيضاً، والقـراءة أيضـا. فقط فكر بالعاب الكومبيوتر أن تكون عنصراً مهماً في اكتشاف الأطفال إلى ما يوجد اكثر مما هو موجود في مجتمعهم بالنسبة للإدمان يعتقد انجيرليدر بأن " الأهل بإمكانهم منع الصغار من يصبحوا مـدمنين اكثر مـن التلفاز، وحتى اكثر من العاب الفيديو عن طريق بناء نظام عرض اختياري أو عـن طريق استخدام جهاز العاب الفيديو مبكراً في حياة الطفل ولهـذا السـبب مـن خـلال الوقت يحصل الصـغار عـلى مكانتهم بوصفهم مراهقين، إذ هناك القليل جداً من المراقبة أو السيطرة عليهم .

وأخيراً يذكر انجيرليدر "لو أن الصغار اصبحوا مدمنين على العاب الفيديو أو الكومبيوتر أو الإنترنت فان من الممكن أن تصبح مشكلة، وأن الأهل يحتاجون أن يقاطعوا ويمنعوا بدائل أخرى أو أن يستخدموا بدائل أخرى من الألعاب".

الفصل السابع
اختبار الكشف عن إدمان الإنترنت

اختبر نفسك ...
هل أنت مدمنٌ ؟

الفصل السابع

اختبار الكشف عن إدمان الإنترنت

اختبر نفسك ... هل أنت مدمنٌ ؟

كيف تعلم إذا ما كنت مدمنا للإنترنت أو على وشك الإدمان ؟؟ الحالات تختلف من شخص لآخر... وببساطة فان طول أو قصر المدة التي تقضيها على الإنترنت ليست هي الأساس لتحديد ما إذا كنت مدمنا أم لا. بعض الناس يرون أن قضاء 20 دقيقة يوميا يعد أدمانا بينما يجد آخرون أن قضاءهم لأربع ساعات يوميا لا يسبب لديهم أي مشكلة .

انه لمن الأهمية أن يتم قياس الخسائر التي تتسبب فيها الإنترنت لحياتك الفعلية ما إذا كنت مدمنا أم لا .

دعنا نكتشف.. فهذه الأسئلة أو هذا الاختبار والذي قام به   (مركز علاج الإدمان الإلكتروني) بنيويورك سيقوم بمساعدتك بأحد طريقتين:

1. إذا كنت تعلم بالفعل أو على يقين من انك بالفعل مدمنا للإنترنت فان هذا الاختبار سيساعدك على معرفة القصور في حياتك الفعلية والذي أثرت عليه الإنترنت بطريقة ما.

2. إذا لم تكن متأكدا من انك مدمن أم لا فان هذا الاختبار سيساعدك على معرفة الإجابة في الحال. اختبار هل أنت مدمنٌ للإنترنت ؟

عند الإجابة عليك أن تتذكر انه لتحديد الوقت الذي تقضيه في أغراض غير خاصة بالعمل أو الدراسة .

عليك الإجابة عن كل سؤال بإعطاء إحدى النقاط التالية وجمعها في النهاية وذلك كالتالي:-

147

1. نادرا = 1

2. أحيانا = 2

3. بصورة دورية =3

4. دائما =4

5. اكثر من المعتاد = 5

1. ما عدد المرات التي وجدت فيها انك تقضي وقتا على الإنترنت اكثر من الذي كنت تنويه ؟

نادرا – أحيانا – بصورة دورية - دائما - اكثر من المعتاد

2. ما عدد المرات التي رفضت فيها المشاركة في مهام عائلية من اجل قضاء بعض الوقت على الإنترنت ؟

نادرا – أحيانا – بصورة دورية - دائما - اكثر من المعتاد

3. ما عدد المرات التي أحبطت فيها شريكك بعدم اهتمامك بقضاء بعض الوقت معه من اجل قضاء نفس الوقت على الإنترنت بدون أي سبب ملح للولوج ؟

نادرا – أحيانا – بصورة دورية - دائما - اكثر من المعتاد

4. كم عدد المرات التي تجد فيها انك تتطلع لصداقات جديدة عبر الإنترنت ؟

نادرا – أحيانا – بصورة دورية - دائما - اكثر من المعتاد

5. كم عدد المرات التي يشكو فيها شريكك أو أفراد أسرتك من طول الوقت الذي تقضيه على الإنترنت ؟

نادرا – أحيانا – بصورة دورية - دائما - اكثر من المعتاد

6. كم عدد المرات التي أهملت فيها عمل واجبك المدرسي أو عملك الهام مـن اجـل قضـاء هـذا الوقت على الإنترنت ؟

نادرا – أحيانا – بصورة دورية - دائما - اكثر من المعتاد

7. كم عدد المرات التي تقوم فيها بالولوج لمعرفـة مـا إذا كانـت هنـاك رسـائل بريـد إلكترونـي قـد وصلت إليك بينما لديك أمر عاجل ستتأخر عليه ؟

نادرا – أحيانا – بصورة دورية - دائما - اكثر من المعتاد

8. كم مرة ندمت على الوقت الذي ضاع بسبب الإنترنت عند حصولك على درجة سـيئة في الاختبـار المدرسي أو تقرير سيئ من مديرك في العمل .. وقررت الإقلاع عن الإنترنت ولم تستطع ؟

نادرا – أحيانا – بصورة دورية - دائما - اكثر من المعتاد

9. كم مرة حاولت أن تكون مدافعا أو تخفي ما تفعله على الإنترنت عن الشخص الذي يسألك ؟

نادرا – أحيانا – بصورة دورية - دائما - اكثر من المعتاد

10. كم مرة حاولت أن تبتعد عن التفكير في مشـكلاتك الحقيقيـة وذهبـت بتفكيرك لشيء خـاص بالإنترنت ؟

نادرا – أحيانا – بصورة دورية - دائما - اكثر من المعتاد

11. كم مرة شعرت فيها بأنك تتطلع للمرة القادمة التي ستقوم فيها بالولوج على الإنترنت ؟

نادرا – أحيانا – بصورة دورية - دائما - اكثر من المعتاد

12. كم مرة شعرت فيها بان الحياة بدون الإنترنت ستكون مملة وفارغة وغير ممتعة على الإطلاق ؟

نادرا – أحيانا – بصورة دورية - دائما - اكثر من المعتاد

13. كم مرة حدث أن كنت تصرخ وتصيح إذا ما حاول أحدهم إزعاجك بأي شيء أثناء وجودك على الإنترنت .

نادرا – أحيانا – بصورة دورية – دائما - اكثر من المعتاد

14. كم مرة سهرت فيها بسبب ولوجك على الإنترنت لوقت متأخر من الليل؟

نادرا – أحيانا – بصورة دورية – دائما - اكثر من المعتاد

15. كم مرة شعرت بأنك مستاء ومضطر للخروج من الإنترنت لسبب ما وانه كان بودك أن تقضي وقتا أطول ؟

نادرا – أحيانا – بصورة دورية – دائما - اكثر من المعتاد

16. كم مرة وجدت انك تقول لنفسك " عدة دقائق أخرى فقط " وأنت على الإنترنت ولم تستطع الخروج في الحال ؟

نادرا – أحيانا – بصورة دورية – دائما - اكثر من المعتاد

17. كم مرة حاولت بلا طائل ان تقلل من ساعات دخولك على الإنترنت ؟

نادرا – أحيانا – بصورة دورية – دائما - اكثر من المعتاد

18. كم عدد المرات التي حاولت فيها إخفاء عدد الساعات الفعلي الذي قضيته على الإنترنت عن ذويك أو مديرك في العمل ؟

نادرا – أحيانا – بصورة دورية – دائما - اكثر من المعتاد

19. كم عدد المرات التي دعاك فيها أصدقاؤك لقضاء بعض الوقت في فسحة أو الذهاب للسينما و تعللت بأنك مشغول بينما كنت تريد الولوج على الإنترنت ؟

نادرا – أحيانا – بصورة دورية – دائما - اكثر من المعتاد

20. كم عدد المرات التي شعرت فيها بأنك لم تعد تصبح مكتئبا او شاعرا بالوحدة بعد دقائق من ولوجك على الإنترنت ؟

نادرا – أحيانا – بصورة دورية – دائما - اكثر من المعتاد

نتيجة الاختبار أو مفتاح الاختبار :

والآن اجمع النقاط الخاصة بالعشرين سؤالا .. وستجد انه كلما كان ناتج الجمع أعلى كان إدمانك للإنترنت أعلى .

(من 20-40 نقطة)

أنت مستخدم عادي للإنترنت .. ربما انك تستخدم الإنترنت كثيرا عن المعتاد في بعض الأوقات .. ولكنك في النهاية تستطيع التحكم في حجم استخدامك لها .

(من 50-79 نقطة)

أنت تواجه من حين لآخر بعض الإفراط في استخدام الإنترنت والتي تسبب لك بعض المشاكل في حياتك العملية والشخصية .. يجب ألا تتمادى في هذا لإنك من هؤلاء الذين قد يصلون إلى مرحلة مستعصية من الإدمان .

(من 80 - 100 نقطة)

استخدامك للإنترنت مفرط للغاية ويسبب لك العديد من المشاكل في حياتك العملية والشخصية .. يجب الانتباه والحذر من تأثير الإنترنت عل حياتك ومواجهة الأسباب التي جعلتك تهرب من حياتك الواقعية مفضلا حياة الإنترنت ومحاولة تلافيها.

والآن بعد أن حددت النطاق الذي أنت فيه .. ارجع مرة أخرى للأسئلة التي أجبت قيها بـ 4 أو 5 (دائما – اكثر من المعتاد) وأسال نفسك هل تجد في هذا أي مشكلة لك ؟؟ فمثلا لو أجبت على السؤال رقم 2 والخاص بعدم

مشاركتك في المناسبات العائلية .. فهل تشعر بمدى الإحباط الذي تسببه لعائلتك بسبب ذلك ؟ أيضا إذا أجبت على السؤال 14 والخاص بسهرك لوقت متأخر على الإنترنت .. فهل وقفت مع نفسك ذات يوم لترى كيف كان ذلك مزعجا عند محاولاتك الاستيقاظ والنهوض من سريرك بلا طائل ؟ أو صعوبة تركيزك في العمل وتأثيره العام على صحتك وحالتك البدنية والنفسية من جراء نومك لساعات قليلة ؟ في النهاية .. هل علاقاتك الشخصية والاجتماعية قد تأثرت نتيجة لإدمانك للإنترنت أو لعلاقة ما " إنترنتية" ؟

سبـل العـلاج

برنامج المدمنين المجهولين

وضعت هذه النبذة المختصرة خصيصا لإعطاء لمحة عن برنامج المدمنين المجهولين، والتعريف بالكثير من الجوانب المهمة في برنامج التعافي من الإدمان ككل، إضافة إلى كونها أداة للمساعدة بالبدء في عقد اجتماعات للتعافي من مرض الإدمان، خاصة في المنطقة العربية.

ما هو برنامج المدمنين المجهولين.

يتكون برنامج المدمنين المجهولين من أناس أصبح تعاطي المخدرات مشكلة رئيسة في حياتهم،وبأتباعهم لبرنامج التعافي المقدم لهم من برنامج المدمنين المجهولين وجدوا طريقة للعيش بدون تعاطٍ. واصبحوا أعضاء مسؤولين ومنتجين في المجتمع. يحتوي البرنامج على 36 من المبادئ الجوهرية، يطلق عليها، الخطوات الاثنتي عشر للتعافي، التقاليد الاثنتي عشر للمجموعة والمفاهيم الاثنتي عشر للخدمة،(الرجاء العودة لأدبيات البرنامج لمزيد من المعلومات حول هذه المبادئ الجوهرية)، وقد تمت كتابة هذه المبادئ ببساطة ليتسنى لأعضاء البرنامج من المدمنين المهتمين اتباعها في

حياتهم اليومية. الخطوات الأثنتا عشرة تساعد المدمنين المتعافين على تنفيذ برنامجهم الشخصي-للتعافي، التقاليد الإثنتا عشرة تساعد على وضع الخبرات للأعضاء موضع التنفيذ للإبقاء على إقامة اجتماعات التعافي. والمفاهيم الأثنتا عشرة تساعدهم على تنظيم خدماتهم و يستطيع أي شخص لدية الرغبة بالتوقف عن التعاطي الانضمام لبرنامج المدمنين المجهولين. وهذا البرنامج قائم على الإقلاع التام عن كافة أنواع المخدرات، ولا يتبع هذا البرنامج أي جهة علاجية أو تنفيذية.كما أنه لا يقوم بتوظيف مرشدي علاج، أو متخصصين. فالأعضاء مجموعة من المتعافين لا يهدفون إلى تحقيق أي أرباح مادية. ومن واقع خبرة الكثير ممن طبقوا هذا البرنامج، فقد وجدوا أن البرنامج يسهل تطويعه إلى أي بيئة أو ثقافة. ويوجد الآن الآلاف من المدمنين الذين وجدوا الأمل بأن يظلوا ممتنعين عن التعاطي .

العضوية في برنامج المدمنين المجهولين

العضوية في البرنامج قرار شخصي يتوصل إليه المدمن طواعية من تلقاء نفسه وبرغبته الشخصية. وحبذا لو تتاح الفرصة لأي مدمن مخدرات باتخاذ القرار عما إذا كان البرنامج هو الجواب لمشكلته أم لا. أن الشرط الوحيد للعضوية هو الرغبة في الامتناع عن التعاطي. ويستطيع أي شخص الانضمام إلى البرنامج بغض النظر عن عمره ، جنسيته ، فئته العرقية أو من يكون. وهو عضو عندما يريد ذلك. ولا تتطلب العضوية في برنامج المدمنين المجهولين أي أتعاب أو مصروفات، فقد دفع كل مدمن متعاف ثمن العضوية من الألم أثناء التعاطي. ورسالة البرنامج هي إن "أي مدمن يستطيع الإقلاع عن التعاطي، وفقدان الرغبة في التعاطي وإيجاد طريقة جديدة للحياة". الكثير أدركوا أن هناك أملا فالكثير من المدمنين لم يكن لديهم أدنى فكرة عما يمكن

أن يحدث عند العيش من غير تعاطٍ. والكثير منهم لم يسمع بالتعافي إلا في اجتماع التعافي الأول. إذ وجدوا الدعم والقبول من الأعضاء الآخرين في البرنامج وحصلوا على معلومات يمكن تطبيقها لمساعدة بعضهم البعض بأن يظلوا ممتنعين عن التعاطي.

ما هو اجتماع التعافي ؟

اجتماع التعافي في برنامج المدمنين المجهولين هو أي مدمنين اثنين متعافيين أو اكثر يجتمعون معا بانتظام بهدف التخلص من داء الإدمان. وكل اجتماعات البرنامج محصورة في الخطوات والتقاليد الاثنتي عشر. ويتم إقامة الاجتماعات من قبل مجموعة من المدمنين المتعافين لمدمنين. ومن المهم للمدمنين أن يكون لديهم الخيار بإقامة اجتماع للتعافي. وتعليمهم كيفية أقامتها وأنواعها، إضافة إلى تزويدهم بالأدبيات اللازمة لذلك ومساعدتهم في الطريقة لعمل ذلك. وحيث أن برنامج المدمنين المجهولين برنامج شخصي يساعد المدمن المتعافي على تقييم سلوكياته، لذلك فإن الخبرات الشخصية المتجمعة في التعافي إضافة إلى مبادئ ومعلومات البرنامج العامة هي مواضيع اجتماعات التعافي.

الهدف الرئيس من الاجتماعات هو إعطاء الخبرات والمشاركة في الآمال والتطلعات لأعضائها، ومن ثم حمل الرسالة إلى المدمن الذي لا يزال يعاني. وتعطي الاجتماعات الفرصة لكل عضو للمشاركة والاستماع إلى خبرات المدمنين الآخرين الذين تعلموا عيش حياة افضل من دون تعاطي المخدرات، والاجتماعات تعتبر بذاتها أداة في حمل الرسالة للمدمن الذي لا يزال يعانى. وهي تعطي العضو الجديد الفرصة لإيجاد اوجه تشابه مع مدمنين آخرين في بيئة مريحة تشجع على التعافي. ويجب أن نوضح هنا أن

التعافي ليس فقط في التوقف عن التعاطي ولكن أيضا في تطبيق المبادئ التي تساعد المدمن المتعافي على الاستمرار في الطريقة الجديدة للحياة.

أمور مهمة لعقد اجتماع تعافي

مكان الاجتماع يجب أن يكون من السهل وصول أكبر عدد من المتعافين إليه قدر الإمكان.

أن الهدف هو تهيئة جو مريح للتعافي لذلك فأن حجم المكان وتقليل المقاطعات يساعد على ذلك، وينصح بعدم إقامة الاجتماعات في مساكن المتعافين.

الحواجز، الأبواب المؤدية إلى مكان الاجتماع،دورات المياه، يجب أن ينظر أليها عند اختيار مكان للاجتماع، لتسهيل وصول المعاقين للحضور .

غالبا ما تعقد اجتماعات التعافي في وقت مناسب إذ يستطيع اكثر المدمنون الحضور إليه،مثلا قبل أو بعد العشاء .

التجهيز لعقد اجتماع تعافي

بعد أن تتم الموافقة على عقد اجتماع تعافي وتحديد المكان الذي سيعقد فيه، فإن حضور الأعضاء المبكر إلى مكان الاجتماع يعطيهم الفرصة لتجهيز المقاعد بشكل دائري إذا كانت المجموعة صغيرة أو بشكل مسرحي إذا كانت المجموعة كبيرة. وعادة ما يقوم الأعضاء من المدمنين المتعافين بتحضير الشاي أو المرطبات لإضفاء بيئة مريحة، إضافة إلى وضع طاولة للأدبيات. وحسب وضع المجموعة الاقتصادي إما أن يتم بيع هذه الأدبيات أو تقديمها مجانا أو إعارتها لفترة محددة.

ويعد تجهيز مكان الاجتماع وتحضير المرطبات والتنظيف بعد الاجتماع، كل هذه أشياء بسيطة يعملها أعضاء البرنامج عند عقد أي اجتماع.

على أن لا يعملها شخص بمفرده فتصبح غير مطاقة. فالمشاركة في العمل تضمن أن الأعضاء يعتمدون على أنفسهم ذاتيا ، وإن لا يتم إلقاء هذه الأعباء على كاهل واحد أو اثنين من أعضاء المجموعة.

الإطار العام لاجتماع التعافي

تلتزم اجتماعات المدمنين المجهولين بإطار محدد، وغالبا يتم التركيز حول موضوع المشاركة العامة في التعافي. ومواضيع الاجتماعات الأخرى تشمل، قراءة من كتاب، اجتماع متحدث، دراسة الخطوات/المبادئ الأثني عشر..الخ، ويتم فقط استخدام الأدبيات المترجمة في الاجتماعات. وذلك لضمان رسالة تعافٍ واضحة ومستمرة. وعادة ما تستمر الاجتماعات لمدة ساعة إلى ساعة ونصف، ومن المهم جدا البدء والانتهاء في الوقت المحدد .

وصف لاجتماع تعافي

القائد: بسم الله والصلاة والسلام على اشرف خلق الله سيدنا محمد وعلى آله وأصحابه وسلم تسليما كثيرا

أنا مدمن واسمي عبد الله (فقط الاسم الأول بدون اسم العائلة) ارحب بإخواني الحضور في هذا الاجتماع لمجموعة (اسم المجموعة)، ونحب أن نبدأ الاجتماع بالدعاء لنا ولإخواننا الذين لا يزالون يعانون من الإدمان

نحب أن نرحب بشكل خاص بالأعضاء الجدد

هل يوجد من يحضر الاجتماع لأول مرة، هل من الممكن أن تقدم نفسك. الاسم الأول فقط.

القائد: للمحافظة على مجهولية الأعضاء والمجموعة فإن كل ما نراه أو نسمعه يجب أن لا ننشره خارجا، خذ ما تحتاج ودع الباقي.

القائد: لن يكلفك أي شيء لتنتمي إلى البرنامج وأنت عضو عندما تريد ذلك .

القائد: في بداية الاجتماع يطلب من أعضاء تم اختيارهم مسبقا قراءة مضمون البرنامج.

من هو المدمن ؟

ما هو برنامج المدمنين المجهولين ؟

لماذا نحن هنا ؟

كيفية عمل البرنامج ؟

بعد ذلك يعقد الاجتماع كما هو مقرر له بوصفه اجتماع متحدث، مشاركة عامة..الخ .

في نهاية الاجتماع .

القائد: التقليد السابع يجب على كل مجموعة أن تكون مستقلة بذاتها وان ترفض أي معونة خارجية .

كفارة المجلس، سبحانك اللهم وبحمدك واشهد أن لا إله إلا أنت، استغفرك ربي العظيم وأتوب إليك.

أنواع الاجتماعات المختلفة

اجتماع متحدث: يطلب من واحد أو اثنين من الأعضاء أن يشارك بقصة تعافيه، أو تجربته في جانب معين من تعافيه في البرنامج، وبعد ذلك يطلب من الحضور المشاركة بتجربتهم في نفس الموضوع المحدد .

مشاركة عامة: يفتتح قائد الاجتماع الجلسة ليشارك الأعضاء في أي موضوع له علاقة بالتعافي.

مناقشة موضوع: يقوم قائد الاجتماع باختيار موضوع له علاقة بالتعافي ليتم مناقشته، أو يطلب من أحد الأعضاء أن يقدم موضوعا للنقاش .

قراءة من كتاب: يقرأ جزءا من كتاب أو أدبيات المدمنين المجهولين المتفق عليها، وتتم مناقشة ذلك الجزء .

دراسة الخطوات/التقاليد: يتم قراءة الخطوة أو التقليد ومن ثم يتم مناقشتها .

نظرة شاملة للبرنامج في منطقة الخليج العربي :

هناك الكثير من الأسباب التي ساعدت على عدم نمو البرنامج في منطقتنا. فقد كان ينظر للبرنامج في السابق على أنه مفهوم غربي، مع أن البرنامج اثبت جدواه في العديد من البلدان حول العالم، وهو لا ينتمي إلى أي مجموعة، ثقافة أو بيئة محددة، ويتم إدارته من قبل مدمنين متعافين في جميع أنحاء العالم. قد تكون الثقافات مختلفة، ولكن الإدمان يبقى إدمانا في أي ثقافة أو بيئة في كل أنحاء العالم .

في البداية كان الكتاب الأساسي للبرنامج باللغة الإنجليزية، وقد عملت المجموعات جاهدة على ترجمة هذا الكتاب بما يتناسب مع ديانتها، بيئتها، ثقافتها ولغتها. وفي هذا الوقت بالذات يتوفر الكتاب الأساس للبرنامج باللغة العربية بوصفه مسودة يتم استخدامها في الاجتماعات بعد أن تمت ترجمته من بعض الأعضاء النشطين في المجموعات المحلية، وسيتم طباعته بعد أجازته دينيا ولغويا من قبل بعض المختصين المتطوعين. وخطوات وتقاليد البرنامج أثبتت بما لا يدع مجال للشك عن إمكانية تطويعها للديانة والبيئة والثقافة المحلية.

يوجد الآن ما يقارب ثمانية عشر مجموعة في منطقة الخليج، وتعقد هذه المجموعات اجتماعاتها بصفة دورية، وتضم في عضويتها الكثير من المدمنين المتعافين كأعضاء نشطين في البرنامج وفعالين في المجتمع. لا تزال الجهات المختصة والتي يناط بها دعم مثل هذا البرنامج تجهل حجم وشمولية

هذا البرنامج على المستوى العالمي، وإمكانية تطويعه للبيئة المحلية، كما انه لم يتم التعرف على الطبيعة المهمة لبرنامج دعم ذاتي علاجي لمدمنين متعافين، ولم تتم ملاحظة قوة فعاليته. فالكثير من المعالجين المتخصصين يعتقدون أن البرنامج برنامج علاجي غربي، بدلا من مجموعة من المدمنين المتعافين يساعدون أنفسهم بأنفسهم. والذي قد يثري استراتيجياتهم العلاجية المتبعة. ولأن تقاليد البرنامج لا تسمح لأعضاء البرنامج من المدمنين المتعافين بقبول التبرعات من غير الأعضاء، لذلك لم يظهر البرنامج إلى النور لعدم وجود مناقشات لأي تكاليف تمويلية أو ما شابه. ومع أن ذلك يعتبر آمرا جيدا لبقاء المدمنين متعافين على المدى الطويل، ولكن عدم حصول الأعضاء في البرنامج على الاهتمام الجدي واللازم من الجهات المختصة أدى إلى بقائه دائما في الظل.

كما أن صعوبة التسجيل القانوني للبرنامج ساعد على تقلص المجتمع الصغير لأعضاء البرنامج. حيث يفتقد الكثير من المدمنين المتعافين إلى معرفة كيفية التعامل مع الضوابط والقوانين لعقد اجتماع لمدمنين متعافين مع بعضهم البعض، ومدى تقبله . بل قد يذهب البعض إلى إمكانية مخالفته للأنظمة وعدم قانونية عقده. مما يجعل من الصعب عقد اجتماعات تعافٍ صحية. وتولد نوعا من التخوف لدى العديد من المدمنين المتعافين من أن يتم فضح هويتهم على انهم كانوا يستخدمون المخدرات. لا يساندهم في مخاوفهم سوى المصداقية الكبيرة التي يلقاها البرنامج لدى عوائل المتعافين الذين وجدوا طريقة للبقاء دون استخدام المخدر بفضل الله بعد انضمامهم للبرنامج

ومن الملاحظ أن البرنامج لم يحصل على الدعم اللازم والكافي من المراكز العلاجية المحلية والسجون ومراكز الرعاية الاجتماعية للأحداث. والنصح أو تحويل المرضى بعد انتهاء فترتهم العلاجية بالمراكز لحضور الاجتماعات في

البرنامج تكاد تكون معدومة. فتجد أن البرنامج قائم على مجموعة صغيرة من الأعضاء الملتزمين في المجموعات المحلية، والذين يقومون بعمل الكثير بالإضافة إلى التزاماتهم الأخرى في أعمالهم ومع عائلاتهم وأطفالهم..الخ، مما أبقى على المجموعات المحلية المتواجدة قوية، وتقدم خدمات جديرة بالثقة للمدمنين الذين لا يزالون يحاولون الإقلاع عن استخدام المخدرات.

وأخيرا اصبح العديد من المدمنين المتعافين إضافة إلى الأعضاء الجدد في البرنامج ينفرون من المشاركة في أي اجتماع خارج نطاق المراكز العلاجية، من جراء الخوف والرهبة التي يطلقها الإعلام ضد مدمني المخدرات عموما (وصمة العار) مما ضاعف من بطء نمو البرنامج في منطقتنا .

المصــادر

المصادر العربية

1. الالوسي، جمال حسين (1990): الصحة النفسية، مطابع التعليم العالي، بغداد .

2. الجمّال راسم: الاتصال والإعلام في الوطن العربي، ب. ت .

3. حجازي، عزت (1978): الشباب العربي والمشكلات التي يواجهها، عالم المعرفة ، المجلس الوطني للثقافة والفنون والآداب ، الكويت .

4. الحسن، محمد بن إبراهيم (1988): المخدرات والمواد المشابهة المسببة للإدمان ،الطبعة الأولى، مطابع الفرزدق التجارية .

5. د. الدباغ، فخري(1977) :أصول الطب النفسي الطبعة الثانية، دار الكتب للطباعة والنشر، جامعة الموصل.

6. عبد المتعال، صلاح (1980): التغير الاجتماعي والجريمة في المجتمعات العربية، مكتبة وهبة القاهرة.

7. سعد، عبد المنعم (1974) : السينما والشباب، كتاب الإذاعة والتلفزيون- القاهرة.

8. عفيفي، فوزي سالم (1980): السلوك الاجتماعي بين علم النفس والدين، وكالات المطبوعات - الكويت .

9. عكاز، فكري (1971): التدابير التشريعية للوقاية من تعاطي المخدرات.

10. علي، محمد (1981): وقت الفراغ في المجتمع الحديث ، دار المعرف الجامعية، الإسكندرية .

163

11. عيسوي، عبد الرحمن (1979) : الآثار النفسية والاجتماعية للتلفيزيون، القاهرة.

12. فهيم، مصطفى (1974) : سيكولوجية الطفولة والمراهقة، دار مصر للطباعة .

13. كمال ،علي (1967) : النفس انفعالتها ومراضها وعلاجها ، الدار الشرقية للطباعة والنشر - بيروت .

14. الكيال، دحام (1973). الصحة النفسية والنمو، الطبعة الأولى، مطبعة دار السلام - بغداد .

15. المغرابي، سعيد (1971) : ظاهرة تعاطي المخدرات ، تعريفها، أبعادها ، نظرة تاريخية عنها ، (بحث منشور في كتاب الندوة الدولية العربية حول ظاهرة تعاطي المخدرات) ، ب. ت .

16. المنظمة العربية للتربية والعلوم والثقافة: وسائل الإعلام وأثرها في المجتمع العربي المعاصر ، القاهرة، ب .ت .

17. شومان ، محمد: العولمة ومستقبل الإعلام العربي، الأردن ، ب. ت.

المجـــلات

- 1. طبيبك النفسي الخاص (1977) : العدد 108 ديسمبر، القاهرة.
- 2. إنترنت العالم العربي (2000): السنة الثالثة – العدد الرابع – الألفية الثالثة .
- 3. internet shopper الشرق الأوسط (1999) : السـنة الثالثـة – العـدد الخـامس / تشرين الثاني ، نوفمبر .

مصادر إنترنت

1. www.aafaq.org/fact2/33.htm - 9k

2. www.aatworld.com/articles/aat_articles.asp?Art_id=253 - 24k

3. www.albayan.co.ae/albayan/1998/08/20/mnw/7.htm - 11k

4. www.albayan.co.ae/albayan/2002/04/08/mnw/2.htm- 12k

5. www. aljareh.net/cgibin/forum99/forums/temper/42.html- 39k

6. www.al-jazirah.com.sa/evillage/27062002/wr262.htm - 20k

7. www.almirkaz.com/links/Art_Humanities/History/- 29k

8. www.alwahm.8m.com/-48k

9. www.amanjordan.org/arabic_news/wmprint.ph?ArtID=308 - 21k

10. www.angelfire.com/biz/kha98/maqlat_mhadrat/

    internethistory.htm - 20k

11. www.angelfire.com/hi4/alamal/20 - 13k

12. www.balagh.com/mtboat/arbc/mfh/53/3.html-47k

13. www.cariboo.bc.ca/cpj/current/GartTD.htm - 5k

14. www.computeraddiction.com/ - 10k

15. www.cybersexualaddiction.com/mastercrawler.cfm

16. www.doctorinternet.co.uk/news/ahotissues.html-46k

17. www.doctorinternet.co.uk/Specialities/a-Neurology.html-19k

18. www.gn4me.com/etesalat/article.jsp?art_id=4038 - 30k

19. www.geocities.com/vitaminj45/cybersex.html - 8k

20. www.kuwait25.com/tareknet.htm - 17k

21. www.maraya.net/srv/media.htm - 78k

22. www.media-arabia.org/userfiles/Wahid%20Tawila.doc

    aweb.fares.net/w/.ee7e2a7 - 23k

23. www.netaddiction.com/cybersexual_addiction.htm - 17k

24. www. news.bbc.co.uk/hi/english/uk/
    newsid_1036000/1036088.stm - 50k

25. www.news.zdnet.co.uk/story/0,,t269-s2108325,00.html - 29k

26. www.onlinesexaddict.org/osaq.html - 27k

27. www.phic.gor.ps /arbic/social/socala-provert.html-bk

28. www.pnic.gov.ps/arabic/social/sociala_provert7.html- 13k

29. www.pitt.edu/~ksy/apa.html - 16k

30. www. psychcentral.com/netaddiction/ - 25k

31. www.safetyed.org/help/electgames.html - 14k

32. www.suhuf.net.sa/2000jaz/jul/2/ev4.htm - 20k

33. www.theparentreport.com/resources/ages/preteen
    kids_culture/130.html?view_annotation=317 -18k

34. www.virtual-addiction.com/cat.htm - 8k

35. www.web.fares.net/w/.ee7e2a7 - 23k

36. www.wired.com/news/holidays/0,1882,48479,0.html - 27k

المصادر الإنكليزية

1. American Psychiatric Association. (1994). Diagnostic and Statistical Manual of Mental Disorders. (4th ed.). Washington, DC: Author.

2. Bergert J .(1981) >Young peoples drugs and others , Bulletin on narcotic Voll XXXIII No.4,pp1-14

3. Busch, T. (1995). Gender differences in self-efficacy and attitudes toward computers. Journal of Educational Computing Research, 12, 147-158.

4. Goodman, A. (1993). Diagnosis and treatment of sexual addiction. Journal of Sex and Marital Therapy, 19, 225-251.

5. Graphics, Visualization, and Usability Center (1996). Online Access, March Issue, 51-52.

6. Griffiths, M. (1992). Pinball wizard: the case of a pinball machine addict. Psychological Reports, 71, 161-162.

7. Griffiths, M. (1991). Amusement machine playing in childhood and adolescence: a comparative analysis of video game and fruit machines. Journal of Adolescence, 14, 53-73.

8. Griffiths, M. (1990). The cognitive psychology of gambling. Journal of Gambling Studies, 6, 31- 42.

9. Keepers, G. A. (1990). Pathological preoccupation with video games. Journal of the American Academy of Child and Adolescent Psychiatry, 29, 49-50.

10. Lacey, H. J. (1993). Self-damaging and addictive behavior in bulimia nervosa: A catchment area study, British Journal of Psychiatry. 163, 190-194.

11. Lesieur, H. R. & Blume, S. B. (1993). Pathological Gambling, Eating Disorders, and the psychoactive substance use disorders, Journal of Addictive Diseases, 12(3), 89 - 102.

12. Mobilia, P. (1993). Gambling as a rational addiction, Journal of Gambling Studies, 9(2), 121 - 151.

13. Rachlin, H. (1990). Why do people gamble and keep gambling despite heavy losses? Psychological Science, 1, 294-297.

14. Shotton, M. A. (1989). Computer Addiction? A study of computer dependency. Basingstoke: Taylor & Francis.

15. Shotton, M. (1991). The costs and benefits of "computer addiction." Behaviour and Information Technology, 10, 219-230.

16. Walker, M. B. (1989). Some problems with the concept of "gambling addiction": should theories of addiction be generalized to include excessive gambling? Journal of Gambling Behavior, 5, 179- 200.

17. Walters, G. D. (1992). Drug-seeking behaviour: Disease or lifestyle? Professional Psychology: Research and Practice, 23(2), 139-145.

18. Walters, G. D. (1996). Addiction and identity: exploring the possibility of a relationship. Psychology of Addictive Behaviors, 10, 9-17.

19. Watson, L. (1991). Paradigms of recovery: Theoretical implications for relapse prevention in alcoholics, Journal of Drug Issues, 21(4), 839-858.

20. Weissman, M. M. & Payle, E. S. (1974). The depressed woman: A study of social relationships (Evanston: University of Chicago Press).

21. Young, K. S. (submitted). Internet addiction: the emergence of a new clinical disorder.Internet Addiction11

T0147820

Printed in the United States
By Bookmasters